JN048055

社会学者のための
論文投稿と査読のアクションリサーチ

樫田美雄・栗田宣義 編著

新曜社

ようこそ、論文投稿と査読のアクションリサーチへ。

まえがき

本書の目的は、論文投稿と査読に関わる不可思議な世界を社会学的に解明し、その成果を実践者に還元しつつ、学的にも発展させようとするものである。

本書『社会学者のための 論文投稿と査読のアクションリサーチ』は、世に出回っているハウツー本系の「論文の書き方説明本」や「査読の仕方解説本」と、読者に提供しようとしている「効用」は、ほぼ同一である。すなわち、どうしたら「楽に」論文が書けて、「有利に」査読を通過できるのか。あるいは、どうしたら「スタンダードな形で」論文の評価ができて、「編集委員会から非難されない形で」査読コメントを書くことができるか、という「投稿者」や「査読者」の「実践的関心」を満足させようと意図している点では同じである。しかし、その「効用の強度」が異なっている。編著者の理解では、本書から得られる「効用」の方が、長期間有効で、状況の多様性に対応でき、前回の経験を次回の実践に生かしていくという意味での「蓄積性」があるのである。

なぜ、本書にはこのような「強度の強い効用」がそなわっているのか。それは、本書が「学」を志向しているからである。「ハウツー本」すなわち、「わかりやすく、状況判断の方法を最短手順で示唆する実用指南書」は、「わかりやすさ」の代わりに、「状況の多様性」に対応できない抽象性を持ったものになってしまい、「手順のみじかさ」の代わりに、「状況の不分明さに対応して、判断を宙づりにしてやり過ごす」という「戦術」を取り損なうものになってしまう。つまり、**「ハウツー本」に安易にしたがってしまうことは、自らが置かれた状況を精密に分析する機会を喪**

失し、現在の判断を宙づりにして、将来における変化に柔軟に対応できる可能性を残しておくことを放棄してしまうことなのである。

しかし、本書は違う。**本書は、「学」を志向しているため、より大きな効用をめざすことが可能になっている**のである。すなわち、読者の「投稿術」や「査読術」の基本設計を高度化させる可能性を有している。その第一は、投稿と査読の現場で起きていることを高い解像度で「ミエル化」させた上で、その精密に理解できた状況に対応した「術」を個別状況対応的に構築していける可能性。その第二は、とりあえず作った自らの「投稿術」や「査読術」を、自力で改善していけるようになる累積的改善の可能性。そして第三は、そのような実践学を理解し志向したもの同士が集団となって、学的レベルで相互支援をしつつ、社会的により望ましい制度を構築していくことができるようになる可能性である（上記三種の「可能性」を、それぞれ、（1）「高精度分析にもとづいた実践方法の構築可能性」、（2）「実践方法の累積的改善の可能性」、（3）「実践学的裏付けを持った社会変革の可能性」と呼ぶことができよう）。このように、『社会学者のための 論文投稿と査読のアクションリサーチ』は、最終的には「個人の状況改善努力の集積として、最適社会状態の共同構築が達成されること」を展望する学としての質を持ったものなのである。

これに対し「ハウツー本」は、有効性に歴史的・状況的限界性があるのが普通であり、かつ、その限界の乗り越え法の有効性の程度については解明のしようがなく、その「ハウツー本」にしたがった個人の状況改善努力の累積がどのような社会状態を生み出すのかということに関して、展望を持ち得ないのが普通なのである。

このように、本書が、論文投稿と査読に「論文投稿と査読に関する実践学」という新しい議論のフィールドを拓き学問化する目的までをも包含しているものであるため、本書は一般書の体裁をとりつつも、学術書的な骨組みを持っている。

すなわち、**本書は三部（講義編、実践編、座談会編）からなっているが、それぞれの部分が学問一般における、分析と実例呈示（当事者研究的省察）と相互批評（学会大会）に対応している**とも言えるのである。すなわち、本書の〈講義編〉は学的分析を主内容としている。そして、本書の第二部である〈実践編〉は、『新社会学研究』という雑誌の「公募特集」に応募して採用になった二氏によって執筆されているものだが、この部分は実際の投稿に基づいた実例呈示になっている。さいごの〈座談会編〉は、会場に集まった学会メンバーの相互討論に相当するものになっているのである。

ここまでをまとめよう。つまり本書は、〈講義編〉と〈実践編〉と〈座談会編〉の三つの部分からなっているが、これは、少しずつ違ったこの三つの仕様で「投稿」や「査読」を論じることで、これまでの「ハウツー本」とは異なる水準の「効用」を読者にもたらそうとするものなのである。すなわち、我々は思い付きの、個人経験にだけ基づいた、アドホックなコメントに基づいた「特定の状況にしか適合しない実践指南だけ」ではない本を提供したいのである。すなわち、学的基盤のある「分析と評価と相互批評」に基づいた、総合的な議論のフィールドを打ち立てることと同時進行の「実践学に基づいた実践書」を提供したいのである。本書には、助言に相当することもたくさん書かれている。そして、そのなかには、読者からみて「まちがっている」とか、「役に立たない」とみえるものもたくさん含まれているだろう。けれども、本書はそのことを恥じない。**本書の価値は、書かれていることが有効であることからもたらされるのではなく、たとえ、書かれていることが（ある人にとって、ある状況にとって）無効であったとしても、その無効さにいたるメカニズムが理解可能であること、探究可能であることからもたらされるもの**なのである。そして、そのような活動に参加した実践記録が、同じ本の中に〈実践編〉や〈座談会編〉として存在していて、読者に追体験が容易になっていることが本書の売りなのである。つまり、読者は本書を、単なる「金言集」として活用するのではなく、**「金言集」に頼らない思考力や学問力を手に入れる「論文投稿と査読に関わる実践学」**のテキストとして活用すべきなのである。「金言集」とは異なる「価値」がそのようにすることによって初めて手に入るのである。

樫田美雄・栗田宣義

目次

まえがき　1

〈講義編〉

第1章　〈講義編〉の概要——三つの方針と加点法と減点法の齟齬問題　3

1●〈講義編〉の三つの方針——リアリティ重視・相互行為に着目・学問志向　3
2●投稿と査読の複数アクター参与モデルというアイディア　4
3●査読における減点法と加点法　6
4●減点法と加点法の齟齬問題と原理的考察　8
5●過剰な教育的助言の背景としての研究者文化とその変容についての考察　10
6●学的考察から環境改善提案へ　12

第2章　「海図なき海での航海」としての査読誌への投稿——「予期」と「戦術」をキーワードとして　15

1●「海図なき海での航海」としての査読誌への投稿　16

2●「完成度向上戦術」と「可能性で勝負戦術」 17
3●「可能性で勝負戦術」の落とし穴としての「適格性要件問題」 21
4●査読プロセスの相互行為性 23
5●「探針的希望呈示による戦術適合性の共同的達成」戦略のすすめ 26
6●まとめ 27

第3章 学会をブランディングするための装置としての論文査読システム
——編集委員会視点を基盤とした議論 29

1●ここまでの議論の概要とメタレベルへの置き換え 29
2●編集委員会というアクター、ブランディングという活動の課題 32
3●ブランディングという語を採用したわけ——学会運営の二一世紀的困難への対応 33
4●編集委員会の運営にあたって注意しなければならないこと 34
5●伝統と威信がある社会学一般雑誌の場合 38
6●資源投入量の小さな雑誌の場合 40
7●ブランディングの観点から注意しなければならない編集委員会の陥穽 41
8●まとめ 42

第4章　投稿・査読システムの知識社会学――「査読コメントへの対応方針」をもとに考える　45
1●知識と知識社会学の現代的課題　45
2●「査読コメントへの対応方針10箇条」へのコンメンタール　47
3●まとめ　54

第5章　慣習化されていることの実例の呈示と考察――査読プロセスの前半を対象として　57
1●前章までの議論のまとめと査読プロセスの一〇段階　57
2●査読プロセスの実例呈示――①打診を受ける　59
3●②論文の送付を受ける、および、③一回目の査読コメントを書く準備をする　63
4●④実際に一回目のコメントを書く、および、⑤再査読用原稿が戻ってくるまで待つ　66
5●まとめ　71

第6章　価値合理的に行為する社会的文化的存在としての諸アクター――査読プロセスの後半を分析する　73
1●〈講義編〉を終えるにあたって　73
2●価値合理的人間としての投稿者と査読者の呈示、という目標　74

3●遅延をめぐる諸事情に関する考察——査読プロセスの後半を分析する　74
4●遅延以外の諸状況について——査読プロセスの後半を分析する　80
5●まとめ　84

〈実践編〉

〈実践編〉のためのまえがき　89

「査読者との会話」としての投稿-査読プロセス　93

1●はじめに　93
2●投稿-査読-改稿の実際　95
3●改稿の限界　114
4●査読者との会話を振り返る——最終稿を書き終えた感想　116

査読を通して変化した当事者研究のパースペクティヴ　121

1●はじめに　121
2●査読・修正プロセスの概要　123

3●初稿の問題点――「研究の前提条件の部分での『良さ』」しかない　124
4●最終稿の生成を導いた査読コメント　128
5●査読を通して変化した当事者研究のパースペクティヴ　138
6●おわりに　140

〈座談会編〉

「論文投稿と査読のホントのところ」座談会　145

既存査読誌の構造的問題／構造的問題への対応策／論文投稿学という構想／投稿と査読の場における相互行為／査読者を使いこなすという戦略／査読者のコメントにどの程度対応すべきか／非ネイティブが査読誌に投稿する際のハードル／査読を通じて変化する投稿者のパースペクティヴ／環境の変化と論文投稿／形式重視の査読のあり方／査読者としての葛藤／指導教官と査読者との意見の不一致／「育てる査読誌」の難しさ／査読は大学院教育の一部役割を代替しうるか／厳しい大学院教育と査読が失わせるもの／非ネイティブ投稿者への支援／インターナショナル化していない日本の雑誌／投稿者・査読者・編集委員会の闘争的相互行為／査読者不足問題／我々は何を論じてきたか

あとがき　175

装幀＝新曜社デザイン室

〈講義編〉

第1章　〈講義編〉の概要
――三つの方針と加点法と減点法の齟齬問題

1●〈講義編〉の三つの方針――リアリティ重視・相互行為に着目・学問志向

「まえがき」にも書いたように、「本書の目的は、論文投稿と査読に関わる不可思議な世界を学的に解明し、その成果を実践者に還元しつつ、学的にも発展させようとすること」である。

本書は、この目的の達成を三つのパートを組み合わせることによって行う。すなわち、〈講義編〉、〈実践編〉、〈座談会編〉の三パートの組み合わせである。なお、章ごとに記名はしていないが、〈講義編〉は6章とも、編著者である樫田美雄と栗田宣義による共著である。

この第1章（〈講義編〉の全6章のうちの最初の章）では、**論文投稿と査読の現場で何が起きているかの研究をまず視点を定めることで開始しよう**。そうやって議論のフィールドを開いていきたい。

具体的には、時代性を踏まえた上で[1]、以下の三つの方針にしたがって、学問を行うことの豊かさに導かれるスタイ

（1）この〈講義編〉が論じている論文投稿および査読にかんしては、多数の先行研究が存在している。それらの成果を踏まえて「時代性を踏まえ」と記載した。

ルの「若手研究者支援」の形にもなるような「論文投稿と査読に関する実践学」を模索していきたい。

まず、**第一の方針**は、「実際の論文投稿の状況と査読の状況にフィットした議論とする」という方針である。すなわち、「制度設計」や「制度理念」に拘泥せず、実際に「投稿」としてなされていることや、実際に「査読」としてなされていることに照準していきたい。

ついで、**第二の方針**は、「論文投稿と査読をひとつのフィールドとみなし、そこにおいて投稿者と査読者と編集委員（会）とが、三つどもえの相互行為をしていることをベースにして考える（複数アクター参与モデル）」という方針である。具体的には「投稿者は、名宛て人である投稿者向けではなく、オーバーヒアラーである同僚査読者B向けの評語が、査読者Aから返ってきている可能性に留意せよ」というような議論を多数提供していきたい。

さいごに、**第三の方針**は、「参与者に単純な利益享受者の役割を与えず、相互に学的に扶助しあう仲間であるという意識が醸成される可能性を踏まえて、学的検討を静的に達成されたものとしてではなく、動的に達成され続けるものとして呈示する」という方針である。つまり、目的合理ではなく、価値合理的に行為選択をしている可能性のあるものとして、参与者を位置づけよう、という方針である。

2●投稿と査読の複数アクター参与モデルというアイディア

上記の三方針のうち、二番目の「複数アクター参与モデル」をベースにして考えるという部分については、想定される「モデル」に幅があることが予想され、その幅の広さに基づく理解の困難性も予想されるので、少し詳しい説明が必要であろう。したがって、方針提示に続く本節では、本書が採用している「投稿と査読の複数アクター参与モデル」の表示と説明を行うことにしたい。

方針2に記したように、**投稿と査読のフィールドは、投稿者と査読者、査読者と編集委員会、編集委員会と投稿者、**

の三種類の相互行為を包含したフィールドである。第1章では表1をもとに、査読者から見た「投稿と査読の複数アクター参与モデル」を考察し、このモデルの利用価値を「加点法的査読と減点法的査読の齟齬」という問題にからめて解説することにしよう。

表1　投稿と査読の複数アクター参与モデル①　査読者から見た場合

査読者A　一対　投稿者
①掲載の可否判断の適切性の呈示
②改訂方針の提示（惜しみなく支援する相互扶助文化的態度[※3]）
　→見立て、原則呈示、個別指摘等
③改訂方針の適切性の呈示

一対　同僚査読者（B or/& C）
④掲載の可否判断の適切性の呈示
⑤（2回目以降）同僚査読者のコメントに対し
　→間接的反論、間接的妥協、間接的受け入れ
⑥（2回目以降）同僚査読者のコメントに対し
　→ネゴシエーション的諸対応（提案ほか）

一対　編集委員会（or 担当編集委員）
⑦掲載の可否判断の適切性の呈示[※1]
⑧許容されそうな遅延理由の提示
⑨雑誌の性格や学会の方針に関する間接的主張
　利益占有疑念を払拭するレベルの支援プランの提示[※2]

表1に基づいた議論を始めるまえに、ここでの議論の前提を二点確認しておこう。第一点目は、その議論の実証性に関してであり、第二点目は、査読システムの多様性との関連性に関してである。

まず、第一点目の「議論の実証性」に関してから述べよう。

私は、投稿と査読に関して実証的な研究をする必要性を認めるものであるが、投稿・編集プロセスにおいてはどの段階にも非公開に留め置くことが適当かもしれない対象が存在しており、具体的な内容を共有する形での実証的な研究はなかなかに困難である。

したがって本書では、原則として**実証的な資料提示は行わない。とはいえ、学術書として成立する最低限の「経験的事実との対応性」は確保したい**と考えている。

ついで、第二点目の「査読システムの多様性との関連性」について述べよう。

日本の社会科学関連論文に関する学術雑誌は多く、そ

れぞれの雑誌が採用している査読システムは多様である。たとえば、『社会学評論』のように編集委員会メンバーと査読者がほぼ完全に分離されているシステムもあれば、『ソシオロジ』のように編集委員会と担当査読者が（全体集合と部分集合の違いはあるが）一〇〇％重なっているシステムもある。もちろん、その中間的なシステムとして、『年報社会学論集』のように編集委員会外の査読者と編集委員会メンバーである査読者が一人ずつ入って、二人の担当査読者集団として査読を行うシステムもある。

また、査読者の意見集約システムに関しても多様性がある。複数査読者が違った見解を述べていたとしても、それを調整せず投稿者に返す査読システムもあれば、ぎゃくに、複数査読にもかかわらず、総合的な査読コメントを作成し、架空の統合的人格による査読コメントのみが投稿者に戻されるシステムもある。これらを別々に論じるのは煩瑣だ。したがって、各読者が関わる投稿・査読システムに関しての理解が促進されるよう、**査読システムの多様性への対応としては、個別システムと主張との対応関係を必要に応じて示す、一部例示方式で進める**ことにしたい。すなわち、『ソシオロジ』のような片側的ブラインドシステムの場合には、編集委員会側には投稿者の個人的背景までわかる場合があるので、教育的コメントを付けやすい場合がある、というような言及の仕方で扱うことにしよう。

3●査読における減点法と加点法

表1の中身の各項目は、いつでも有意味というわけではない。いろいろな予想において、その一部分が有意味になるだけである。したがって本章では、投稿時の最重要局面である「一回目の査読への対応」場面に集中して、表1の各項目をベースに考えるとどのような展望が得られるかに集中して、この表の価値を訴えていきたい。

「一回目の査読への対応」は決定的に重要である。齋藤圭介[2]が明らかにしたように、『社会学評論』では投稿論文のほぼ半分は「一回目の査読結果」が「D判定[3]」となり、審査プロセスを終了することになるが、「一回目の査読結果」

が、「A判定」や「B判定」となることはほとんどなく、D判定にならなかった投稿論文の残りのほとんどは「C判定」である。つまりは、最終的に掲載に至る論文（四分の一から三分の一程度）についていえば、そのほとんどが最初の査読結果がC判定である、ということなのである。そうなると、「C判定」からどのように判定を上げていくかが、掲載に至る戦略の重要ポイントだということになる。

ところで、査読プロセスにおける論文評価の基本的な方針には二種類の対立的な方針がありうる。**「減点法」**と**「加点法」**である。すなわち、査読プロセスにおいて諸チェックポイント[4]がすべてクリアされていることを掲載の条件とするような場合（「減点法」：減点ゼロが目標）と、諸チェックポイントにおける評価の総和が十分に大きいことが掲載の条件であるような場合（「加点法」：総得点の大きさが目標）があるのである。もちろん、この二つの原則の組み

（2）齋藤圭介、二〇一二、「データからみる『社会学評論』――投稿動向と査読動向を中心に」『社会学評論編集委員会報告書』五―一六頁。

（3）査読評価は一般的に、A、B、C、D、Xの五種類の記号でなされ、それぞれA＝掲載可（しばしば誤字・脱字の訂正を含む）、B＝微修正（再査読なしとする雑誌と、再査読ありとする雑誌がある）、C＝大幅修正、D＝掲載不可、X＝テーマ的に不適合、というような意味で用いられるのが普通である。

（4）「チェックポイント」は、『社会学評論』の場合は「審査のめやす」と呼ばれており、「推論の論理性／資料の扱い方／先行研究・既存学説の理解／独創的な着眼および技法／文章表現／問題提起および結論の明確性／参考文献および参照の適切性」の七項目となっている。『家族社会学研究』では、「1．タイトルの適切さ、2．課題設定の妥当性、3．結論の明確さ、4．先行研究のレビュー、5．資料の適切さ、6．分析方法の適切さ、7．論理性、8．独創性、9．参考文献の参照の適切さ、10．用語や表現の適正さ・統一性、11．図表の枚数および提示方法、12．抄録（英文・和文）の適切さ、13．執筆要項との適合性、14．研究倫理上の問題」の全一四項目となっている。これらの「チェックポイント」は、「十分／不十分／該当せず」の三区分で評価される場合と、「大変良い／まあ良い／問題あり／非該当」の四区分で評価される場合がある。もちろん、三区分の場合の方が、減点法的運用になってしまう傾向が強いと予想されよう。

合わせの場合もあるのだが、いずれにしろ、掲載原理が「減点法」なのか「加点法」なのかによるトラブルは、査読において頻発しているように見える。

もっともよくあるトラブルは、「再査読で新規の修正ポイントを指示された」という投稿者側からの不満である。類型的にいって、これは投稿者が「減点法」的理解をしていたのに、査読者が「加点法」的理解をしている場合に生じやすいトラブルである。「一回目査読」で指摘された項目の全てに対応したのに、「二回目査読」で新規の修正ポイントを指摘されたのでは、いったいいつになったら掲載される原稿になるのか見通しがつかないという投稿者側の嘆きは、もっともな嘆きである。しかし査読者側としては、総合点が水準からみて不足しているので、審査を継続しようとした場合には、そのようにコメントするしかないことになってしまうのである。

4●減点法と加点法の齟齬問題と原理的考察

じつは、上記の齟齬には、表1をもとにして考えるとわかる「構造的背景」が存在しているように思われる。私がみるに、一般的に、雑誌の投稿と査読においては、投稿者は減点法的理解に傾きやすい性向があると思われる。つまり、投稿者は掲載に至ることを目標として投稿している。この前提をもとにして考えると、もし一回目の査読コメントにおいて、自らの論文の至らないところに関する査読者からの指摘があれば、当然にその指摘された欠点がなくなるよう努力するとともに、その努力の結果が掲載に結びつくであろうことを期待するだろう。すなわち、**減点法的にふるまう基本的性向が、投稿者には存在する**ことになる。

これに対し、以下では、査読者側の基本的性向を検討してみよう。

査読者が最初に行う作業が、投稿論文を通読した上での総合評価であるとするのなら（しばしばそのように言われている）、その作業においては、当該論文が掲載に値する論文であるか否かを、究極のところ、加点法的に、論文のオリジナリティや、論文内在的な意義の大きさについての判断として行っていることだろう。そういう意味では、**加点法的にふるまう基本的性向が、査読者には存在している**ことになる。

にもかかわらず、「一回目の査読」においては、修正ポイントの羅列がしばしばなされるのである。つまり「減点法的査読コメント」が記されてしまうのである。

その理由の半分ぐらいは、システム的強制の結果であるといえよう。ほとんどすべての社会科学系査読誌において、査読者の回答用紙のフォーマットは、「チェックポイント別の評価」を義務付ける形式になっているからだ。しかし、残りの半分は、以下の二つの事情があってのことのように思われる。

まず、第一の事情は、表1に※1でマークしておいたように、査読者が編集委員会向けに、自らの判断の適切性を表示する必要があることに由来する。つまり、「C判定」を説明するのに「加点法」的記述ではなく、「減点法」的記述をする方が説明が容易だからである。

第二の事情は、表1に※2でマークしておいたように、査読者が編集委員会向けに、自らが得た知的刺激を占有的に利用するつもりがないことを表示する性向があることに由来する。すなわち、投稿論文を読むことによって得られた知的成果[5]について、その「占有を疑われないレベルで利益還元的姿勢を取っていることの提示」が必要なのである。けれども、積極的な利益還元的姿勢は、立場の押しつけとも捉えられかねず、そのようにならないようにするためには、コメントの採否についての判断は、投稿者にゆだねる形にせざるを得ない。すなわち、「加点法」的記述は参考意見として書かれざるを得ず、結局「減点法」的に書かれた必須修正意見の方が目立ってしまう、ということが起き

(5) この部分、必ずしも、投稿論文が優れていることに由来する「知的成果」とは限らない。多くの査読者は査読をしているときに、おぼろげだった論敵が具体的な形となって、いま、この査読対象論文中に現れてきている、と感じることがあるはずだ。そのように「仮想敵」役割を投稿論文が担ってくれることも、知的刺激ということができるだろう。

ているのではないだろうか。このことは、表1の※3にも関連する。研究者コミュニティの相互扶助・相互刺激文化のなかにくるみ込むことが、利益占有疑惑を払拭することになるのだ。

この第二の事情についてはかなり難しいので、より詳しい説明を次節で行っていくことにしたい。

5● 過剰な教育的助言の背景としての研究者文化とその変容についての考察

第2節の前半で述べたように、投稿・査読過程を実証的に論ずるのは難しい。しかし、使える「経験的事実」がないわけではない。たとえば、筑波大学・東京工業大学・中央大学の各大学を渡り歩いた今野浩が書いているような、公開されている「裏事情的知識」は活用可能であろう。たとえば今野は、「ベテラン教授」が学問的に「有利」である理由として、「ジャーナルの編集委員やレフェリーを務めて、最新情報を手に入れる」[6]ことができるからである、と書いている。一面の真理を射ているといえよう。さらに「レフェリーが著者に対して（ほとんど無関係な）自分の論文を、引用文献リストに加えるよう要求する」[7]こともある、とも書いている。ここに書かれていることは、それが倫理的に問題のある行為であるかどうかは別にして、少なくとも、論文投稿と査読のフィールドが相互行為的フィールドであるということ、しかも、互助的文化が発露している予定調和的なフィールドであるというよりは、研究者の個人的業績の競争に関わるネゴシエーションと闘争のフィールドとなっていることを表しているだろう。

もう少し穏当な例を挙げることもできる。たとえば、自治医科大の半澤節子は、日本語論文の査読ではそんなことはないがと断りつつ、（英語雑誌の査読委員として閲読をした論文内の）「引用文献に刺激を受けたときには、その文献をダウンロードして読むことも多い。こうしたことは査読者自身の研究者としての発展にとって大いにプラスになる」[8]と述べている。これらの「事実」からどのような推論が可能だろうか。表1はじつは、その推論の成果なのだが、少しなぞりながら述べていきたい。

まず考えなければならないのは、多くの場合無償でなされる査読において、査読者がどのような動機付けを持って大量の労力を要する査読を行っているのか、という点である。たてまえ的に「研究者ギルドへの忠誠の証として」というだけでない部分に言及しようとすると、上述の諸証言を活用していかざるをえないだろう。つまり、「査読者自身（中略）にとって大いにプラスになる」(9)という利益と見合いで労力負担が乗り越えられているとも思われるのである。けれども、ここに気をつけなければならない問題が生じることになる。

敏感な読者はお気づきだろうが、査読が査読者の知的活動の一部になってしまう場合、投稿から掲載までの期間があまりに長い場合には、あるいは、投稿がリジェクトされてしまった場合には、査読者が刺激を受けた結果として出してしまう成果の方が、元の査読論文が公表されるよりも前になってしまうというような微妙な問題が生じる。

痛くない腹を探られたくはないと多くの査読者は思うだろう。自分の業績につながる発想は、刺激をもとにしていたとしても、自立して自分自身で育んだものなのであって、横取りしたものではない、そう主張したくなる査読者はかなりの比率になるのではないだろうか。とすると、そういう査読者は、表1の※3のような対応を投稿者に対して積極的にとることになるのではないだろうか。すなわち、出し惜しみの雰囲気なしに助言を大量に与えて、できれば、なんとか、査読をパスして投稿者には論文掲載にまで進んでもらいたい、という**相互扶助文化的態度**をとるようになるのではないだろうか。また、そのような投稿者への対応は、※2のように編集委員会向けには、利益占有疑念を払拭する態度であることにもなるだろう。

（6）今野浩、二〇一三、『ヒラノ教授の論文必勝法——教科書が教えてくれない裏事情』中央公論新社、七六頁。
（7）前掲『ヒラノ教授の論文必勝法』三二頁。
（8）半澤節子、二〇一五、「英文誌と和文誌の査読の経験から」『看護研究』四八（七）：六八一頁。
（9）前掲「英文誌と和文誌の査読の経験から」六八一頁。

もちろん、実際に「流用疑惑・占有疑惑」を避けることが意識にあがっている場合は少ないだろう。けれども、振る舞いのバランスとして、自分が利益を受けた対象（投稿者）に、受けた利益以上の支援を返すことで、社会的に妥当な振る舞いをしているという実感を得ようとしている、そういう分析が可能な査読者なら、かなりの比率でいるのではないだろうか。研究者コミュニティというものの成り立ちとして、「情けは他人のためならず」的な、相互扶助・相互刺激的な習慣がもともとある可能性は十分にある。つまり、そういう「惜しみなく与える研究者」は、研究者文化的には標準的な研究者である可能性があるのだ。

けれども、その古典的な文化的振る舞いが、個人の業績を次第に厳密に評価するようになってきた現代においても従来どおりに維持可能かどうかは、別の問題である。そういう個別評価的な傾向が強まった社会にふさわしい形で、学会の慣習や制度を変えていかなければならないかも知れないのである。具体的には、ダブルブラインド制の査読体制（投稿者からみても、査読者からみても、相手が匿名であるような査読体制）において、上述の「相互扶助・相互刺激」文化がどのような適応をしていくべきかは、未解決の問題である可能性があるのである。つまりは、社会政策的課題として論文投稿と査読に関する慣習の未来を考えていくべき内容がここにあるのである。

6●学的考察から環境改善提案へ

本章では、〈講義編〉の目指すところの特徴を三点（リアリティ重視・相互行為に着目・学問志向）に分けて確認し、その後、表1を活用しながら二つの主張を行った。

第一の主張は、「減点法」と「加点法」の齟齬が査読プロセスではおきやすい、という主張であった。

この主張の含意を投稿者への助言の形で書くならば、「拙速に減点法を前提とした改訂をするな」ということになろう。同じ内容の別バージョン表現になるが、この第一の主張の含意を査読者への助言の形で書くならば、「投稿者を困惑させないように、つねに論文全体の魅力向上こそが大事であることが、査読文全体から分かるように評言は書くべきだ」ということになろう。編集委員会向けとしては、現在のチェックリストの作り方が「社会科学」論文のチェックリストとして適切かどうか、「減点法」を強く含意してしまっていないか再点検が必要だ、ということになろう。

第二の主張では、前半では、教育的助言が査読においてなされるのには、相互扶助的な研究者文化的背景が想定されるが、その文化的態度のナイーブな実践には、業績の個人別評価の厳密化の流れの中で、流用疑惑を招きかねないリスキーな側面があることを主張した。後半では、そのリスキーな側面への対応として、新しい投稿・査読文化の創成が必要となるかも知れないことを指摘した。この第二の主張の含意を投稿者への助言の形で書くのならば、「〝アイディアの先行性〟の証拠をどうしても残しておきたいのなら、学会発表や要旨集への記載の形で、とにかく公的空間に記録を残すようにしておくこと」、「アイディアの流用と見える事態に遭遇した場合でも、先方が相互扶助・相互刺激型の研究者文化理解をしている可能性があるので、何が起きているかの現象理解を一致させることにそもそも困難が生じるかもしれないこと」、この後者の事態が起きる背景となっている「研究者相互扶助モデル」にくみしたくない場合には、「自ら新規の研究会を組織することも選択肢に入れること」となろう。自分でクローズドな研究会を組織すれば、顔も知らない他者にアイディアを流用されることはなくなるはずだ。

なお、査読者に対しての助言を述べるのなら、自分が査読している学会がどのような文化を持った学会であるのかを意識することが大事だ、ということになるだろう。また、編集委員会への助言をのべるのなら、投稿者と査読者の行き違いを防止するために、学会大会時などに、査読の困難さなどに関する対話集会を開催して、投稿者が想像もしていないような困難が査読システムには存在していることを折に触れ明らかにしておくことは価値があることだ、ということになるだろう。

第2章　「海図なき海での航海」としての査読誌への投稿

――「予期」と「戦術」をキーワードとして

査読プロセスにともなう「慣習」のかなりは不分明かつ多様であり、**確定的な「予期」は困難である。しかし、「戦術」**[1]**は立てることが可能だ。**たとえば、初回A判定の投稿論文は非常に少ない。したがって、戦術としては、「複数回存在する査読機会を活かすやり方」が模索されてよい。その際の、複数回の査読を活かすやり方は、大きく分けて以下の三種類ある。

①欠点を探して潰すためのプロセスとして活かす。
②得点源になる「イノベーション」を創出するプロセスとして活かす。
③当該投稿先雑誌に必須の要件を満たして適格性を得るのに活かす。

（1）〈講義編〉では、作戦を大・中・小と三種類の戦術レベルに分けて論じている。「大戦術」（本章ではこれを「戦略」と呼び替えることもある）とは、中小の戦術を有効にするための方針決定に関する戦術である。中戦術とは、三種類の査読方式（減点法、加点法、適格性確認法）に対応した戦術である。小戦術とは、中戦術のもとでのより小さな作戦である。

この三つだ。投稿者にも査読者にも編集委員（会）にも、そのそれぞれの主体において、この三つの「戦術」の選択・配分・適合をどうするかという問題が生じるが、この問題は「場面の複数性」と「査読の相互行為性」を前提に解きうるだろう。結果として、「場面ごとに、相互に相手の期待のありかを探針しながら、自らの『予期』を呈示して、その呈示が相手に与える効果を吟味しながら、先方からの次の『予期』の呈示をまって、それに対応する」という複雑で相互的なプロセスを関係者すべてが生きているという形で「投稿・査読プロセス」は記述できるだろう。たとえ「海図なき海での航海」であっても、そのようなプロセスに適合的な戦術（たとえば、探針的希望呈示による戦術適合性の共同的達成という戦術）が可能なはずで、かつ、それは現実に実践されているものなのだといえよう。

1●「海図なき海での航海」としての査読誌への投稿

『社会学者のための論文投稿と査読のアクションリサーチ』の〈講義編〉第2章では、「相互行為としての査読」という観点から、主として「投稿者にとっての戦術」の成立可能性を考えてみよう。[2]「戦術」は「データ」と「モデル」に基づいて立てるべきだ。では、まず、いったいどのようなデータが、「戦術」を立てるために有用なものとして入手可能なのだろうか。近年、「査読ガイドライン」の公表などが進み、制度としてどのような査読のシステムが構築されているのかは、見やすくなってきている。さらに、過去のデータに関しては、「掲載率（掲載論文数／全投稿数）」に関する情報等が公表されることは増えてきている。[3] 加えて、各編集者や査読者が、編集実務や査読実務の実際を「編集後記」等で公表している。

しかし、これらの「データ」だけでは、実際に投稿した際に、自分の投稿原稿が査読においてどのような部分に注目がなされて、どのような手法とイメージで評価をされることになるのかは「予期」できない。つまり、「データ」をあてはめて意味づけるための「モデル」が必要なのである。ところが、この「モデル」についての情報は、ほとんど提供されていない。あるいはほのめかされている複数「モデル」のどれが当該雑誌で採用可能なものなのか、実際に自分が直面するものなのか、不分明である。つまり、現状では、査読誌に投稿することには、「海図なき海での航海」とでもいえるような、不明確さへのその場その場での対処という側面があるものとなっているのである。

今回は、この「航海」をどのように実践していくのがよいのかという点について、有用な「戦術」を考えていきたい。結論を先取りして述べるのならば、**「海を作りながら海図を書き、海図を書きながら航海をしよう」という提案**をしていきたい。

2●「完成度向上戦術」と「可能性で勝負戦術」

すべての雑誌で、というわけではないが、「査読動向」に関する情報が入手可能な場合がある。それらを集めてみ

(2) 本章では、投稿側と査読側で価値・目的の共有を前提にできている場合の投稿者の作戦を「投稿戦術」と呼び、価値・目的の共有を前提にできていない場合の、「投稿戦術」を可能にするための作戦を「投稿戦略」と呼ぶ。同様の対比で「査読戦術」と「査読戦略」、「編集戦術」と「編集戦略」を構想できる。したがって、「投稿戦略」を以下のように定義することも可能だ。「投稿戦術を、査読戦術や編集戦術と同じ価値・目的の共有の下で運用できるようにするための、投稿者の作戦を投稿戦略と呼ぶ」。

(3) たとえば、『年報社会学論集』、『フォーラム現代社会学』、『家族社会学研究』、『現代社会学理論研究』の場合には、「編集後記」にこの掲載率情報（あるいは、掲載率の計算を可能にする情報としての投稿総数に関する情報）が載る慣例がある。これらの諸雑誌はいずれも、投稿時に掲載予定号が確定している雑誌である。これに対し、投稿時に掲載予定号が決定していない雑誌の場合には、「掲載率」の最終確定のためには、当該期間の投稿論文のすべてにおいて査読プロセスが終了している必要があるため、特殊な場合（たとえば『保健医療社会学論集』の場合は、一年に一回「投稿動向」記事が載り、そこに「掲載率」の記載がある）を除き、「掲載率」の記載はなされていない。

ると、「投稿戦術」の具体的な形のいくつかを構成できる。

まず、初回投稿で「審査区分」のA判定（掲載決定）になる論文はとても少ない、ということをもとに考えてみよう（『社会学評論』では、一％に満たない）[4]。したがって、「投稿戦術」としては、**「初回投稿時の論文完成度を高めて、A判定を目指す投稿戦術」（中戦術α：略称は完成度向上戦術）**だけでなく、**「複数回存在する査読機会を活かす投稿戦術」（中戦術β：略称は可能性で勝負戦術）**がありうることになる。

この立論は、従来の通説（中戦術αの勧め）への疑義という側面を持っている。たとえば、本邦の査読プロセスに関する研究者中でもっとも実証的な研究者である齋藤圭介は、「中戦術α：完成度向上戦術」を推奨している[5]。引用するならば、「完成度が低いままとりあえず投稿するというスタンスだと、投稿から審査結果が確定するまでのあいだ投稿論文が宙に浮いてしまい、貴重な研究の時間を失うことになりかねない」（一三頁）とか、「少しでも完成度が高い初稿を投稿することが、結果として投稿者自身にとっても望ましい結果を得ることになる」（一六頁）という主張をしている[6]。このそれぞれの主張の根拠は、『社会学評論』における過去一〇年を総括した「査読動向」のデータである。たとえば、初回B判定（一ヵ月程度の修正）だと、辞退しない限り一〇〇％の掲載率になっているし、その掲載決定までの審査期間の平均は、初回C判定の論文が掲載決定にいたるまでの審査期間の平均の半分以下である、というデータが存在する。齋藤はそれらの「査読動向」に基づいてこの主張をしているのである。

しかし、この齋藤の主張には、若干の結果論的側面・予定調和的側面があるのではないだろうか。たとえば、C判定よりもB判定の方が「完成度」の高い原稿であり、そのような判断については、投稿者も査読者同様に自律的に到達可能である、というような想定が前提にあった上での主張なのではないだろうか。しかし、そのような想定は確率論的にしかできない。（かつての自分を含めて）**論文の完成度を投稿時に上げておくことを、その有利さをもとに推奨する論者には、投稿時に投稿者が置かれた情報環境の不完全性への配慮の不足がある**ように思われるのである。つまり、「一般的な評価の不確実性問題」、あるいは「モデルレベルでのすれ違いに起因する評価予想はずれ問題」等に、十分配慮できていない可能性があるのである。

実例を一つあげよう。かつて、某誌の編集委員をしていたときに、投稿者から「私の投稿論文は、十分な研究実績のある、信用できる研究者にあらかじめ読んでもらって、十分な水準に達しているという確認をしてもらった上で投稿している。それなのに、なぜ貴誌は私の論文について、C評価をつけて返してくるのか」（大意）というクレームを受けたことがあった。(7) ここから言えることは、投稿者が自分のできる範囲で「中戦術α：完成度向上戦術」をとったとしても、査読者等がその戦術の成果を投稿者の期待どおり評価してくれるとは限らない、という事実である。

その一方で、元査読関係者としての守秘義務があるため詳しくは紹介できないが、「中戦術α：完成度向上戦術」は取っていないだろうという投稿論文が、二回の査読ないしは三回の査読で、掲載に至ったこともしばしばあった。たとえば、理論の論文ではなくて、調査の論文であるにもかかわらず、文献表掲載の先行研究の大半が欧文のものであって、日本語圏での先行研究をほとんど全く検討していない（日本語での）投稿があった。しかし、当該論文は、査読者の示唆をうけて、日本語圏での研究歴を補充した論文に改訂されていき、合計三度の査読で掲載されていた。同様に、調査のデータが指し示すものと結論での主張が食い違っている「完成度の低い」論文が、おなじく、査読者の示唆をうけて適切なデータ解釈に改訂されて、当初とはかなり違った結論の論文として掲載されるようなことも

（4）たとえば、『社会学評論』の場合、過去一〇年の平均で、〇・六％であることが公表されている。齋藤圭介、二〇一二、「データからみる『社会学評論』――投稿動向と査読動向を中心に」『社会学評論編集委員会報告書』五―一六頁。

（5）前掲「データからみる『社会学評論』」。

（6）同様の主張は、『ソシオロジ』等の各誌の「編集後記」で繰り返しなされている。

（7）このときには、編集委員会としては、担当編集委員が投稿論文を再度確認したうえで、編集委員会の総意として「本誌の査読プロセスおよび査読結果には問題は見つかりませんでした」（大意）という返信をしたが、「投稿論文の完成度の高さ」それ自身が査読の検討対象になるのだ、ということがよくわかる事例であった。

あった。

論文が改訂されていくとき、どの部分の改訂が掲載に向かっての重要な改訂として査読者に評価されていっているのかということは、介入的質問を行わない、モニターしているだけの編集委員にはよく分からない。けれども、日本語の雑誌で、日本での研究状況を踏まえることは、「完成度を高める実践」の一つであるとはいってよいだろう。また、データ解釈部分からは飛躍のある結論が書かれていた論文が、データに基づいた結論の書かれた論文になることも「完成度を高める実践」の一つであるといってよいだろう。しかし、それらは、当初の投稿論文においてなされていなくても、なんとかなるのである。

ここから二つのことが言える。まず、「中戦術α」を意識的に採用したとしても、それが必ずしも、査読期間の短縮化や掲載決定への近道につながるとは限らず、また、「中戦術α」をとらなくても、必ずしも、D判定に落ち込むとは限らない、ということがいえる。とするのならば、そこから、部分的には「中戦術α」と違背する部分を含む、「複数回存在する査読機会を活かす投稿戦術」（中戦術β）をもっと積極的に採用していく戦術の相対的有利さも見えてくるのではないだろうか。すなわち、**完成度を高めきってしまわずに、査読者や編集委員との相互行為のなかで、論文に価値を付加していくための芽を多く残しておくような路線（共同的イノベーション促進路線）**を内容とする戦術が新しい戦術として構想されてよいのではないだろうか。

ついで、どのような相互行為の形を想定することが「査読プロセスモデル」として適合的なのかを考えることや、あるいは、自分の論文に有利な「査読プロセスモデル」を構想し、その構想に向かっての働きかけを査読者や編集委員にするような活動の形を構想し実行していく、というようなこともこの戦術構想から想定できる。以下これらを少し詳しく述べていこう。

3● 「可能性で勝負戦術」の落とし穴としての「適格性要件問題」

前節では、「複数回存在する査読機会を活かす投稿戦術」（中戦術β）の採用に合理性があるかも知れないことを確認した。とするとこの「中戦術β」の中身が問題になるといえよう。

すこし古くなるが、『社会学評論』五八巻四号に参考になる記述がある。当時編集委員だった木本喜美子は、どのような論文が『社会学評論』の初回査読を通過しているのかを端的に述べたうえで、それにもかかわらず、二回目の査読でD判定になってしまう投稿を次のように惜しんでいる。「いくつかの欠点はあるものの、テーマ性、問題意識、発想力、論証力等が豊かでありオリジナリティに富んでいると判断されたからこそ、第一関門をくぐりぬけたわけです。それにもかかわらず、査読者の指摘の中でもっとも重要なポイントが修正後にクリアされていないと判断せざるをえないというケースがあります。（中略）焦点を絞って整理しなおされたものが、案外凡庸な結論にしかたどりつけていないというようなケース〔があるのです〕」[8]。

この木本の総括的言明は、「中戦術β」の味方だ。その前半は、『社会学評論』においては、少なくとも減点法だけではなく、加点法的要素のある査読方針が採られていることを示している。その上で、少なくとも初回の査読では、欠点があること自体はD判定の十分条件ではないこと、むしろ、オリジナリティなどの魅力があることが、C判定以上となるための必要条件として重要であることを主張している。つまりは、ちょうどこの一年後の「編集後記」で桝潟俊子が主張しているように、「芽がある論文」[9]であることが、C判定として生き残る投稿論文として重要なことな

（8）木本喜美子、二〇〇八、「編集後記」『社会学評論』五八（四）：奥付頁。強調は引用者。
（9）桝潟俊子、二〇〇九、「編集後記」『社会学評論』五九（四）：奥付頁。

のである。木本に戻って述べるならば、「芽」さえあれば、「投稿者と査読者とのやりとりが、投稿論文を磨きあげ、投稿当初とは表情がちがった論文に仕上がっていく」[10]というイノベーティブな発展可能性があると評価されるのである。[11]

このように『社会学評論』は、かなり「可能性で勝負戦術」（中戦術β）が通用する世界となっているようなのだが、ここに「適格性確認条件」という落とし穴がある。

「査読者の指摘の中でもっとも重要なポイントが修正後にクリアされていない」と木本がいう場合には、他にどんなに魅力的な部分があったとしても、二回目査読でD判定になってしまうのだが、そういうケースに注意喚起がなされているのである。つまり、最重要枠組における「適格性」（たとえば、社会学性の有無や、知的生産性の有無）が根底的になければ、加点部分が少々あってもだめなのである。

これは、〈講義編〉第1章での主張（「加点法」と「減点法」の二つがある）に加えて**三つ目の査読方式がある**、という主張としても理解できる。つまり、「加点法」という方式と二項対立的に「減点法」という方式があるのではなく、**第三の「適格性確認法」**（具体的には「前提的枠組の中か外かで、適格か不適格かを判別する」という査読方式）があり、これらが並列されたり直列されたり、適当に組み合

表２　雑誌の種類別・投稿論文の望ましいイメージと査読プロセス予想等

雑誌の種類	典型例	査読の手法	投稿論文の望ましいイメージ	査読プロセスの特徴	査読プロセスの決定的局面
機会提供雑誌	院生誌	減点法＋適格性確認法	欠点の少ない原稿	欠点を減らす中戦術α＆比較的短期	初回投稿時
正統学術雑誌	古典的学会機関誌	加点法＋適格性確認法（雑誌群A）※1	魅力の多い原稿（学問分野適合性は自明＝意識されず＝）	魅力を増やす中戦術β＆比較的長期	初回投稿時（初回から魅力を示すべき）※3
新傾向学術雑誌	学際志向学会機関誌	加点法＋適格性確認法（雑誌群B）※2	魅力の多い原稿（学問分野適合性は追求＝意識される＝）	魅力を増やす中戦術β＆比較的長期	改訂稿投稿時（改訂時までに魅力を示すべき）※4

※１　学問分野誘導教育なし
※２　学問分野誘導教育あり
※３　学問分野適合性は自明の前提
※４　学問分野適合性に１回の査読利用可

わされたりするかたちで、査読の実際というものが成立しているのである。

これまでの議論で出てきた諸分類の関係をまとめておこう。それは、表2のようになるだろう。最上段に当てはまる雑誌としては、投稿論文のほとんどが掲載される「院生誌」などを考えることができるだろう。つまりは、「執筆機会の提供」のための雑誌である。二段目と三段目に当てはまる雑誌としては、学会機関誌（たとえば『社会学評論』とか、『保健医療社会学論集』とか）を考えることができるだろう。

この、上から二段目および三段目の雑誌群では、複数回の査読の機会がある場合が多く、その査読プロセスの途上で、論文の魅力を増大させるために、初回以降の査読で得た「査読コメント」を活かしていくことが有用だろう。ただし、木本の言うように「適格性確認法」をクリアするという条件がある程度は入ってくるため、改訂時にたんに「魅力」を増大させれば、査読プロセスが維持・継続されるというわけではない。「可能性で勝負戦術」（中戦術β）の単純発動では不十分なのである。[12]

4● 査読プロセスの相互行為性

我々は、「査読動向データ」や「編集委員述懐データ」等を活用することによって、学術雑誌をある程度は類型化して考えることができるし、投稿戦術に関しても大きな枠組としては考えていくことができる。しかし、学術雑誌

（10）前掲（木本喜美子）「編集後記」。

（11）学会機関誌の査読においては、知的財産権の帰属者が曖昧化する恐れがあることから、教育的査読を付すことはあまり望ましくないという意見もある。その一方で、投稿論文が査読されることを学問的交流と考えれば、その交流でのイノベーションを積極的に図ることにも意義があるとはいえよう。現実には、日本の人文科学・社会科学において、著名査読誌に論文を載せることが若手の登竜門となっていることなども、このように「教育的査読」が広く流布していることの背景にはあるだろう。

を類型化しきることはできないし、投稿戦術をあらかじめ決めきることもできない。なぜなら、個別の論文テーマや、個別の担当編集委員や査読者の選任の状況に依存して、査読プロセスにはさまざまな展開可能性があり得るのであって、その諸可能性は、実際にそれらが発現している中で確認され、対処されるべきものだからである。(13)

そもそも、「加点法」と「減点法」のふたつの査読方式がどの程度組み合わさって使われるかという点においても、一つの雑誌の中で統一が取れていないことがある。

たとえば、私が編集委員としてかかわった雑誌では、二回目の査読時には、投稿者は改訂原稿のほかに、一回目査読時に付けられたすべての査読コメントへの「回答」を「意見／回答対応表」として添付することが義務付けられていたが、「意見／回答対応表」の精密さの程度には、投稿者ごとに大きな違いがあった。その状況に対し、査読者Aは「今回提出された対応表は、すべての意見に応えることができておらず、不十分である」と主張し、したがって「再提出を要求する」という態度を取っていた。それに対し、別の投稿論文を査読していた査読者Bは、投稿者からの「対応表」が、そのほとんどの項目において「総合的判断で原文が残らない水準で書き直しましたので、ここに対応を詳述することができません」という文言とともに返ってきたにもかかわらず、具体的なコメント対応の表が存在しない改訂原稿をそのまま容認し、受け入れ審査していた。

つまり、**「雑誌の特性を把握すれば、適切な戦術が採用できる」という「通説」**(14)**にも疑わしさがある**というべきである。投稿者は、自分の投稿論文の査読者たち（社会学では通常二名）がどのような態度を取るかを、あらかじめは知ることができない。そういう場合には、投稿者は、自分がどのように振る舞うべきかをも、査読プロセスの中から、査読プロセスを通して学ぶしかなくなる。この特性を、「査読プロセスの相互行為性」と呼ぼう。この「査読プロセスの相互行為性」を踏まえた上で、諸場面に適切な「投稿戦術」を採用する、より上位のやり方を「投稿戦略」と呼

（12）なおここで、二段目と三段目の違いの説明をしておかなければならない。というのも、「適格性確認法」の発動のされ方に大きな

違いのある二群の雑誌群があるように見えるからだ。表2の二段目に該当する雑誌群Aは比較的オーソドックスな学問分野を担っている雑誌群であって、「適格性確認法」によって当該の学問分野の論文としての水準に該当しないと判別される投稿論文は、初回の査読からD判定とされる（学問分野適合性がないと判断される場合のD判定）。この雑誌群においても初回査読では見逃される類いの「適格性違反」はあるが、学問類型固有の必須要件に満たないという「適格性違反」が初回で見逃されることは少ない。

それに対し、三段目に該当する雑誌群Bは学際的な学問分野を担っている雑誌群であって、「適格性確認法」によって当該の学問分野の論文の必須要件を満たさないと判別される投稿論文があったとしても、多くは初回の査読では一発アウトにはならず、二回目の査読においてもなお必須条件を満たさないと判別されて初めてD判定とされる。つまり、学問分野適合性がないと判断されたとしても、それだけではD判定にはならないのである。たとえば、『保健医療社会学論集』に「理学療法学」系の文献だけが引用された投稿があった場合、一回目査読では「社会学文献も検討して下さい」と注意されるだけになる。

このような二群の雑誌群がある理由は容易に想像できる。雑誌群Bの場合、査読者や編集委員会自身が、自分たちの学際的学問分野の成り立ちやあり方を「重要だが、いまだ普遍化・一般化はしていない」と感じているからである。また、初回の査読から「学問分野適合性」の基準で投稿論文をはじいていると、査読すべき論文がずいぶんと減ってしまうからでもある。これらの事実からの派生的結果として、雑誌群Bでは、学際的学問分野からみた最低基準を満たしていないと思われる投稿論文に対しては、初回査読コメントにおいて「教育的指導」が行われることが多くなる。基準クリアが当然ではないからだ。

(13) あるいは、より積極的に、査読プロセスは創造されるべきものだとも言える。つまり、社会学的にいえば、投稿者と査読者と編集委員は、相互に相手の出方に依存しているが、だからといって、一方的に操作されているわけではなく、相互にコンティンジェントなのであって、その**「ダブル・コンティンジェント状況」は、お互いにとって桎梏であるだけでなく、資源でもある**のである。

(14) たとえば、齋藤らはそのような主張をしているともとれよう。齋藤圭介・井原千琴・大坪陽子・荻野貴美子・齋藤公子・樫田美雄、二〇一七、「投稿先を戦略的に選ぶ —— 初めての投稿をする前に検討すべきこと」『保健医療社会学論集』二七（二）：一〇一—一〇五頁。

なお、〈講義編〉第1章では、**査読文化が複数あることおよび、複数のアクターが違った文化を生きている可能性**を主張し、一枚岩的投稿倫理への盲従を強いる流れを批判した。本章では、**同一雑誌であっても、あるいは、同一査読者であっても、場面ごとに、査読の局面ごとに、同一刺激に対して違った対応がなされる可能性**を指摘し（場面の複数性）、雑誌ごとの特徴把握に基づいた「投稿戦術」にも、一定の限界が存在していることを指摘している。

ぶことにしよう。そうすると、次節の表3のような相互行為的モデルを描くことが可能になるのではないだろうか。

5●「探針的希望呈示による戦術適合性の共同的達成」戦略のすすめ

〈講義編〉第1章では、投稿文化・査読文化の多様性に関する主張を行った。すなわち、投稿論文の掲載の可否を決定する考え方には、少なくとも二つの手法がある。この「加点法」と「減点法」という二つの手法に関して、投稿者は「減点法」的理解をしがちであるのに対して、査読者は「加点法」的理解をしがちであるということを主張し、[15]その「すれ違い可能性」に注意喚起を行った。つまり、**前章のキーワードは、「複数アクター」「複数文化」**であって、違ったアクターが違った査読文化を持っている可能性を強調した。それに合わせた言い方をすれば、**本章のキーワードは「複数場面」**である。違った場面には、違ったコミュニケーションが成立しているのであって、場面ごとに違った戦術の選択が適切になるのである。

もうすこし具体的に述べるなら、本章の議論からは、「加点法／減点法」という対とはべつの**「学問分野適合性要件が自明な雑誌／学問分野適合性要件が自明でない雑誌」という対の存在にも注目すべきだ**という示唆が得られる。[16]つまり、『社会学評論』のような、古典的な学会の正統学術雑誌においては、それが何学の論文を掲載する雑誌なのかは明らかであって、その「何学」の部分が「枠組」となっていることは意識されない。したがって、当該の枠組から外れる場合は、初回にD判定またはX判定になる。

これに対し、学際志向の学会の新傾向の学術雑誌においては、初回投稿のかなりの部分が、うまく学際的な問題設定にたどり着いていない投稿になってしまっており、それらの「枠組」外の論文を、「枠組」内に誘導していく手続きが、初回査読の手続きになっている場合が多い。つまり、「何学」の部分が「枠組」となっていることが編集委員会や査読者によって意識されており、したがって、最初の投稿論文が当該の枠組から外れる場合であってもC判定となって、もう一回の改訂稿投稿チャンスが与えられる場合が多いのである。

この新しい対の存在を理解すると、初回査読時にD判定が多い雑誌と、二回目査読時にD判定が多い雑誌の対比的理解がしやすくなるだろう。けれども、前節で述べたように、この対比が、きれいに雑誌の対比として割り振られるとは限らない。とするなら、表2をさらに相互行為化した形で示す必要があることになるだろう。本頁に示す表3は、投稿者と査読者側（査読者と編集委員）との相互行為のありようを主要トピック別に呈示したものであるが、それは同時に、**「場面の複数性」を踏まえた「探針的希望呈示による戦術適合性の共同的達成」戦略**の背景を示す表ともなっている。

6●まとめ

冒頭にも記したように、複数回の査読を活かす路線が、投稿者においては検討されてよい。しかし、その際、どのような査読者や編集委員会とのコミュ

表3　投稿と査読の複数アクター参与モデル② 投稿者から見た場合

投稿者　一対　査読者
①学問分野適合性要件の自明視をした査読者による初回D判定 or 学問分野適合性要件の自明視をしない査読者による初回C判定 （上記対応の違いを、投稿者が、初稿の投稿原稿に繰り込む投稿戦術 or 上記対応の違いを、投稿者が、事後的に反映する投稿戦術）
②投稿者の非通説的議論が査読者を惹き付けないことによるD判定 or 投稿者の非通説的議論に触発された査読文中のイノベーションとC判定

※上記戦術を、場面の「投稿者 - 査読者」関係に適合させるための戦略として、「探針的希望呈示による戦術適合性の共同的達成」戦略がある

一対　編集委員会（or 担当編集委員）
③投稿者の雑誌特性への「無理解」を読解した上での啓蒙的査読者選任 or 投稿者の雑誌特性への「理解」を読解した上での イノベーション促進的な査読者選任 （上記対応の違いを、投稿者が、初稿の投稿原稿に繰り込む投稿戦術 or 上記対応の違いを、投稿者が、事後的に反映する投稿戦術）
④3審制（4回目の査読無し）に基づいた各回ごとの投稿論文判定基準 or 雑誌の標準的な判定基準を各回同一基準として判定 （上記対応の違いを、投稿者が、初稿の投稿原稿に繰り込む投稿戦術 or 上記対応の違いを、投稿者が、事後的に反映する投稿戦術）

ニケーションを行っていくかという問題に、オールマイティな回答はない。したがって、投稿者は、「場面の複数性」と「査読の相互行為性」を前提とした、状況把握のための働きかけをするべきだろうし、その働きかけは、運がよければ場面内の他のアクターの認知や態度を改変する方向で働く可能性もあるだろう。本章では、このことを「探針的希望呈示による戦術適合性の共同的達成」と呼んだ。

「海図なき海での航海」としての投稿には、そのような戦略（探針的希望呈示による戦術適合性の共同的達成という戦略）が可能だと我々は信じている。

（15）投稿者が「減点法」的理解をしやすいことを、ある「査読ガイドライン」は以下のように描写していた（なお、現在は改訂されていて、以下の文面はなくなっている）。すなわち、「論文の評価に当たってはあくまで総合的な観点から、本誌での掲載にふさわしいかどうかをご判断下さい。たとえば、欠点を減らしていけば自動的に掲載に進むという不十分な理解をしている投稿者の方がときどきいらっしゃいます。そして、そのような投稿者の方の中には、これだけ欠点を減らしたのになぜ掲載にならなかったのか、と不掲載決定後に不満をお持ちになるかたもいらっしゃるようです」と記していた。日本保健医療社会学会、二〇一六、『保健医療社会学論集』査読ガイドライン」（http://square.umin.ac.jp/medsocio/pdf/sadoku.pdf）。

（16）この条件も「適格性確認条件」の一種であるといえるだろう。

第3章　学会をブランディングするための装置としての論文査読システム――編集委員会視点を基盤とした議論

1●ここまでの議論の概要とメタレベルへの置き換え

本章は『社会学者のための 論文投稿と査読のアクションリサーチ』の〈講義編〉の第3章である。本書で我々は、査読者視点（第1章）、投稿者視点（第2章）、と視点を移動させてきたが、第3章では編集委員会視点を基盤とした議論を行う。これは査読者・投稿者・編集委員会の三者が投稿と査読にかかわる主要なアクターである、という認識に基づいた戦略的論述方針である。しかし、三者が主要なアクターであるとしても、それぞれの立場に立った記述から得られる知的成果が、相似形のものであるわけではない。その点をまず、本章の冒頭で確認しておくことが、相互行為的事態として投稿と査読を扱うということの意味を理解してもらうのに有用だろう。

では、それぞれの視点に立つことで、我々はどのような議論をしてきたのだろうか。

表4　各章における注目するアクターと議論の概要

章	注目するアクター	議論の概要
1章	査読者	加点方式と減点方式の齟齬／相互行為分析的方法の可能性
2章	投稿者	同一誌内でも多様性あり／複数回査読活用型戦術の可能性
3章	編集委員会	ブランディングを巡る多様な活動／異種混淆性の価値

まず、第1章では、査読者視点から表1（五頁）すなわち、「投稿と査読の複数アクター参与モデル①」を作成した。そのうえで、投稿と査読を考える際には、投稿規定・査読規定等の書かれたものをベースに文書資料で検討を行う制度分析的方法以外に、参与者間関係をベースに、参与観察などで入手した実践プロセス関連のデータを解析する相互行為分析的方法があることを主張した。そして、相互行為分析的方法を試論的に実施する中で、「査読者が加点法的考え方で助言をしているのに、投稿者が減点法的な理解で対応をしてしまう」という齟齬問題を扱った。この第1章の知的成果の背景を、ワンランク抽象度を上げる形で述べるのならば、**査読者には、最終的に完成した論文の質が問題の中心であり得るのに対し、投稿者には、受けた査読コメントへの対処の適否が問題の中心になりがちである**、という視界の深さにかかわる対比構造があるといえるだろう。

しかし、この対比構造は、文化的かつ習慣的なものであるから、変えていくことができるはずだ。ここから、「文化現象から学ぶ文化社会学でありながら、同時に、文化現象に介入するアクションリサーチ的研究としての〝実践（社会）学〟でもある」という本書の二重性を見て取ることができるだろう。

とはいえ、本書は単なる啓蒙書ではない。「加点法と減点法の齟齬問題」は、当事者である両者が当該問題に気付けば、それですぐに解決するというような問題ではない。この問題は、上述のような背景をもっているので、認識問題というよりは、秩序問題というべきものなのである。したがって、生じている問題を解決するためには、既存の慣習と制度のネットワークの全体的変革が必要となるのである。つまり、**「加点法と減点法の齟齬問題」の解決は、文化変容として達成される必要がある**。そういう問題の根の深さへの展望をも、本書はひらくものであるといえるだろう。

第2章では、投稿者視点から表3（二七頁）すなわち、「投稿と査読の複数アクター参与モデル②」を作成した。そのうえで、相互行為分析モデルをとると、掲載論文の価値というものが、投稿者の単独の貢献によるものというよりは、投稿者と査読者の両者の貢献によるものとして見えてくること。場合によっては、投稿・査読プロセスにおいて、査読者のみが知的生産性を発揮し、その利益を受ける場合があり、そのような場合に教育的サポートを丁寧に行うことで損得のバランスをとるような展開が発生する場合もあるだろうことなどを主張した。また、投稿者の戦術として、投稿・査読プロセスの生産性を信頼する「複数回査読活用型戦術」が採用可能であることも主張した。

この第2章の知的成果の背景を、ワンランク抽象度を上げる形で述べるのならば、大きな構図としては、**学術世界全体は知の共同体（大学や学会のこと）による共同的な知的生産を最大化することを志向した制度化がなされているのに、投稿と査読にかかわる個別の場面では、研究者個人に業績を帰属させる業績の個人化メカニズムが強力に作用してしまっている**という、知的生産の帰属問題にかかわる対比構造があるといえるだろう。

しかし、この対比構造には、第2章で述べたような矛盾を前提として、社会的有効性を確保している面がある。つまり、個人の業績になるという誘因（インセンティブ）を前景に出しつつも、いったん論文が雑誌に掲載されてしまえば、その知的成果は、ジャーナル共同体に共有されるという「ズレ」こそが、学術雑誌における投稿と査読と掲載システムの特徴なのである。したがって、この第2章においても「啓蒙」は、問題解決を直接には導かない。現行の知の生産／流通メカニズム全体が、若手研究者からの知的刺激を全体化する（見ようによっては、知的成果を搾取する）メカニズムとして成立しているのである。したがって、改革は容易ではない。しかし、策がないわけでもない。現状のシステムの矛盾を引き受けつつ、ぎりぎりのところで、査読者が倫理的であろうとして、「お節介すぎるほどの支援的査読」を心がけているように、**システムの「被害者」である投稿者もたとえば「複数回査読活用型戦術」を取ることで査読者からの支援を引き出し、システムの矛盾を逆手にとって活用することができる**のだ。

上述の第1章のまとめ部分でも確認したとおり、本書には「文化社会学でありながら、同時に、文化現象に介入する〝実践（社会）学〟でもある」という二重性がある。第2章末尾での「複数回査読活用型戦術」の提案は、この二重性を活用したものだ。あるいは、ゲーム理論的言い換えをするのならば、知的世界は、特定の業績（単発の発見、分析等）に関してはゼロサム・ゲーム（参加者の利益と損失の総和がゼロとなるゲーム）であるが、学界全体としては知的成果の総合計を増大させていくプラスサム・ゲームとして成立している、と言うことができる。したがって、**自分が置かれた状況を小状況的にゼロサム・ゲームと見るか、大状況的にプラスサム・ゲームと見るかでは、とるべき戦術が異なってくる**ことになる。その際、人びとにとって、戦術選択の条件となる〝「見え」と「選択肢」の組織化の全体〟を「文化」と呼ぶことができよう。つまり、どのような選択肢群をどのようなタイミングで、どのようなインセンティブと組み合わせて呈示するか、という組織の蓄積的体制を、その可塑性も含めて「文化」と呼ぶことができるはずだ。とするのならば、そのような社会のありようを考える水準で**「文化変容を促す実践学」として、ここまでの二つの章がある、**ともいえるだろう[1]。

2●編集委員会というアクター、ブランディングという活動の課題

第3章が注目するアクターは、編集委員会である。そしてこの第3章の議論の骨格は、「編集委員会は、雑誌のブランディングという課題を巡って多様な活動をしているがどのような活動が組織にとってベストなのかを判断するのはなかなかに困難であり、また、判断を誤りやすい落とし穴的要素も多くある」というものになる。

もちろん、編集委員会だけが、困難を抱えているのではない。査読者も誤解されたり非難されたりする可能性があり、投稿者も自分がどのような環境と条件のもとで原稿を書いているのかがよく分からないという問題を抱えている。けれども、組織としての編集委員会は、基盤となっている学会のミッション（使命）に準拠することを強く期待されているので、ミッションとの関係で、自らの行為をリフレクション（省察）する機会が、活動中に埋め込まれていることが多い。そのため、投稿と査読に関わる主要三アクターのなかでは、もっとも自省的なアクターであるが、自省すれば失敗しないというわけではなく、自省プロセスのなかに落とし穴があるようなそういう難しい面をもったアクターなのである。

なおブランディングというキーワードを採用したのは、それが、編集委員会が自省をする際の究極的課題であろうという見通しがあってのことだが、それに加えてもう一つの意図がある。すなわち、この用語に、社会科学系諸学会が置かれている二一世紀的状況の理解をかぶせることができるからである。知はいまや商品化され、学会はその商品としての知の生産者ギルドとしての活動を期待されるようになっている。とするのならば、ギルドの義務として、自らが生産する商品の独自性をはっきりさせ、品質保証をしつつ、供給の安定化を図ることは、当然に学会の義務であり、ひいては、学会機関誌の編集委員会の義務であろうと思われたのである。そういう意味をブランディングという用語に込めたのである。

3●ブランディングという語を採用したわけ――学会運営の二一世紀的困難への対応

学会が生産する知をブランディングすることは容易なことではない。そこには、二一世紀の学術団体が直面している二律背反的な困難が存在している。

すなわち、一方では、二一世紀の学問は、差異を消費する資本主義メカニズムに巻き込まれる中で、休むことなき

(1) 資本主義社会の発展のなかでは、ありとあらゆるものが商品として消費され、かつ、学術への社会的注目の総量が一定であると考えると、大状況であっても、プラスサム・ゲームではなくゼロサム・ゲームが学術世界内で争われている、とみなすこともできよう。つまり、Aという学問がよく発展し注目を集めるのならば、それは、単なる人間知の増大ではなく、Bという学問に勝ったとも評価できるのであって、そうであるのならば、発展に貢献したものに利益を再配分するべき利益の増大だともいえるのである。むしろ、若手研究者はそのような大状況の構造的変化をセンシティブに感じ取って、みずからの振る舞いを利益配分を促す方向にチューニングしているのだ、ということもできよう。しかし、どのような構図が学術世界の構図として適切なのかという問題は、その探求用に設計された実証研究が必要な問題であって、本書の守備範囲ではない。

差異の生産源となることを強いられている。伝統だろうが学問だろうが、差異の源泉であるかぎりにおいて評価されるようになってしまったがゆえに、つねに新しくなければならないのである。学会はつねに自己革新的に運営されなければならず、したがって、学会という運動体の主要メディアとしての学会機関誌においても、この自己革新的姿勢は表明され続ける必要がある（自己革新的姿勢を表明し続けることの必要性）。

その一方で、二一世紀の学問は、大競争社会のなかで、アイデンティティを確立して、自己保全しながら、外部からの資源投下を受け入れ続けなければならない（自己保全的姿勢を表明し続けることの必要性）。

つまり、**一方では、差異の生産のために変わり続けることを強いられ（自己革新の必要）、もう一方では、変わらない存在であることを強いられている（自己保全の必要）**のである。そういうアンビバレントな状態に置かれたなかで、ブランディングをし続けることが、二一世紀の学術団体の課題となっているのである。

しかし、これはリスキーなことである。つまり、自己革新系の方策については、魅力あるブランドであり続けようと変化を志向しすぎてしまうあまり、自己同一性を失うリスクが伴うのであり、自己保全系の方策については、変わらなさを志向しすぎてしまうあまり、学問として縮小再生産に陥るリスクが伴うのだ。

学会本体が強いられているこの困難は、学会の機関誌の編集委員会が強いられている困難でもある。この困難があるがゆえに、編集委員会視点での、投稿・査読システムの記載は、少々複雑なものにならざるを得ない。一つの目標を達成しようと努力しすぎることは、もう一つの目標からの逸脱を意味してしまうからだ。そういうなかで、自己革新的施策からも、自己保全的施策からも距離をとった用語としてブランディングという用語が採用されたのである。

4●編集委員会の運営にあたって注意しなければならないこと

さて、編集プロセスの七局面（表6参照）の全てにわたって解説をすると記述量が膨大になるので、以下では、表

5と表6の一部を説明する形で、本章での議論がどのような展望を投稿・査読システム論に与えてくれるものなのかを素描しよう。本書の読者には、編集委員会メンバーもかなりいると思われるので、この素描のなかでは、編集委員会の運営にあたって注意しなければならないことに特に焦点を当てて論じていくこととしよう。

たとえば、表5の冒頭には、対投稿者の①として、「最初の投稿者の投稿が十分な新規性を持たないように見えた場合に編集委員会は、新視点を論文に与える可能性がある査読者を選ぶ」と書かれているが、これはいったいどういうことだろうか。この編集委員会の志向性を理解してもらうのには、学会でのシンポジウムや、テーマセッションの編成のやり方がどんなものになっているのか、ということを思い出してもらうのが良いだろう。

すなわち、学会大会でシンポジウムやテーマセッションを構成するためには、基本的に

表5　投稿と査読の複数アクター参与モデル③ 編集委員会から見た場合

編集委員会　一対　投稿者（直接の関与はしない）

①最初の投稿者の投稿が十分な新規性を持たないように見えた場合に編集委員会は、新視点を論文に与える可能性がある査読者を選ぶ

②最初の投稿者の投稿が十分な新規性を持っているように見えた場合に編集委員会は、その新規性を学会の伝統の枠内に収める査読者を選ぶ

（上記の認定と対応には幅があり、かつまた、上記の認定と対応方針が各査読者に理解され、採用される程度にも幅がある）

③最初の投稿者の投稿が十分な伝統準拠性を持たないように見えた場合に編集委員会は、伝統準拠を促す可能性が大きい査読者を選ぶ

④最初の投稿者の投稿が十分な伝統準拠性を持っているように見えた場合に、その伝統準拠性に満ちた論文が同時に価値創造的であることを促す可能性が大きい査読者を選ぶ

（上記の認定と対応には幅があり、かつまた、上記の認定と対応方針が各査読者に理解され、採用される程度にも幅がある）

一対　査読者

⑤複数査読者間の傾向の違いが、新発想を投稿者に生み出す可能性を志向した人選

⑥複数査読者が個別に持つ資質が、投稿原稿の個別の不足部を補充する可能性を志向した人選

⑦投稿者の持っているデータや発想法が査読者の能力を刺激して、その結果なされた新発想が投稿者にフィードバックされる可能性を志向した人選

⑧投稿者の持っている根本的問題を上手に指摘して、未来につながる形のコメントを与えながら、投稿者が納得できるD判定を出す可能性を志向した人選

表６　編集プロセスの７局面　編集委員会から見た場合

局面の名称	編集委員会の活動	投稿者の活動	査読者の活動
１）査読専門委員の人選	領域別人選をするか否か	－（不可視）	諾否の返事
２）投稿論文の前処理	投稿論文を形式要件違反として不受理にするかどうか	不受理の場合、相手が編集委員会なので、反論権を実質的に行使できない	形式要件違反があることによって、減点法が採用されていると投稿者が誤解するリスクに耐えなければならない
３）査読専門委員の割り当て	領域縦割り的な課題：査読専門委員の割り当てをするか否か（含：担当編集委員制）	－（不可視）	－（一般的には不可視。まれに、査読者に選任した理由付きで依頼が来る）
４）トラブル処理（例：審査ワレほか）	審査ワレ時に、編集委員会が査読結果を自主的に判断するのか第３査読者を依頼するのか	編集委員会が自主的に判断する場合、相手が編集委員会なので、反論権を実質的に行使できない	審査が元の査読委員で継続する場合、審査時のコメントで、一人の査読者が、もう一人の査読者に働きかけることが可能
５）編集委員会意見を付ける（例：査読者による投稿規定の誤解に基づいた間違ったコメントの効力解除等）	編集委員会意見を付けるか否か 査読者に訂正依頼をかけた場合、紛糾するリスクがある。紛糾すれば、進行が遅延する。けれども、放置すれば、投稿者に不誠実であることになる。しかし、グレーゾーンの場合は、コメントを付けがたい	規定違反の査読者コメントに対し、無駄な反論権の行使をしないで済む	コメント文の修正を強いられないため、受け入れやすい。しばしば、他誌のルールとの混同によるため、紛議にするほどのこともない（例：ネイティブチェックが事前義務かどうか、倫理審査委員会の通過が義務かどうか等）
６）採否と掲載号の決定	採否ルールの透明化を図るか否か 機関誌の当該号の掲載本数の多寡に合わせてタイミングを調整することは日常	－（不可視）	－（不可視）
７）後処理	投稿者と査読者に採否の結果通知をする	必要と考えれば抗議をする	自分のコメントが活かされたかどうかが判明

は組み合わせ効果による知的生産性の向上を狙う人選を行うのが標準である。一人目のパネリストとは違った発想ができる人を、二人目や三人目のパネリストとして、選ぶのである（類似性のある一群のパネリストに、違った発想のできるコメンテーターをぶつけるやり方もある）。

編集委員会は、機関誌のブランディングという課題を達成するために、このシンポジウムやテーマセッションの場合と同様の人選法をすることがある、というのが表5の対査読者⑤での主張である。つまり、知的生産性の向上をねらって、異種混淆的な査読者の割り当てがなされることがある、という主張をしているのである。

もちろん、「院生誌」（第2章の表2の最上段）のように減点法が査読の基本であるような雑誌の場合には、投稿論文のあちこちに散らばっている、多数の個別的な欠点を減らすことが主として志向されているので、編集委員会は、水準確保的なコメント付与活動を期待して査読者を人選することになるだろう。そうすることが、まだまだ低い社会的威信しか持っていない当該雑誌の、社会的威信を上げること（つまり、ブランディング）につながるからだ。

その一方で、古典的学会機関誌や学際志向学会機関誌（第2章の表2の二段目および三段目）のように、加点法をベースとした査読雑誌の場合には、新しい学問としての魅力が十分にあることが論文掲載の前提であり、かつ、日本の社会科学系の多くの査読雑誌では、この課題を教育的査読を行うことでクリアしようとしている。それゆえ、査読者の人選においては、シンポジウムの人選同様、異種混淆性による新領域開拓的研究の創造を目指した人選を行うことになる。

もちろん、古典的学会機関誌や学際志向学会機関誌が、つねに異種混淆性を意識した査読者割当をしているとは限らない。ときとして見られるのが、水準確保的な査読者割当を漫然としている古典的学会機関誌である。そのような体制では、査読の教育的機能は十分に発揮されないだろうし、掲載論文による学問領域拡張効果も期待できないだろう。**編集委員会が担っている職責の大きさからみて、編集委員会業務がスムーズに進行することだけでは、不十分な**のである。学会活動の運動体的部分に資するかたちで、編集委員会の活動はなされなければならないのであるが、この部分でうまくいっていない場合があるのである。[2]

ところで、前述のように査読者人選の課題を確認するのならば、「投稿論文に対する編集委員割当制（担当編集委員制）」や「専門領域別割振型の専門査読委員の事前任命制（専門査読委員の事前任命制）」にも、通常とは違った視線を注ぎ得ることになる。結論を先取りするのなら、それらの制度には果たすべき機能があるのは確かではあるが、知的生産性を十全に確保するとか、投稿論文の潜在力を最大限に引き出して学会全体の研究領域の拡大につなげていくといった観点からは、逆機能的側面もあるのであって、運用には細心の注意が必要だ、ということになると思われる。

たとえば、投稿された論文が自称する研究の方向性に基づいて編集委員を割り振ってしまうと、のちに、当該投稿論文が新しい領域の方向に大きく伸びていこうとしたときに、その流れを引き戻す方向に当該編集委員が働いてしまうことも考えられるのである。編集委員だけでなく（査読用の）専門委員にも同じ問題が生じうる。つまり、投稿論文の専門性は可変的・可塑的なものなので、学会誌内の小専門分野にあらかじめ分けて対応することには、プラス／マイナスの両方の働きがありうることになるのである。

5●伝統と威信がある社会学一般雑誌の場合

たとえば『社会学評論』のような、伝統と威信がある社会学一般雑誌の場合、学会員への公平性確保の観点から、社会学の中のどの専門分野からの投稿に対しても、一定水準以上の査読を実施する必要がある。分量的にも、年間六〇本もの大量の投稿論文が集まってくるので[3]、それらを失敗無く、水準確保的に処理していくためには、官僚制的対応を強化していく必要があるのは当然のことである。したがって、そのような雑誌においては、社会学界内の個別専門分野間の均衡と、委員による委員会業務の分担の公平さを基本とした体制が確立していくことも当然である。その結果として、編集委員が社会学の各分野に均等に散らばるように選ばれる傾向[4]（傾向1）、査読専門委員が社会学の各分野で、おおむね投稿論文の散らばり具合に対応したかたちで選ばれる傾向（傾向2）、各投稿論文を、幹部編集委員が担当編集委員（二名）に割り振るかたちで査読プロセスがスタートする傾向（傾向3）、各論文につき二名の選任された編集委員が担当査読専門委員を人選するに際しては、学問領域的な重なり具合と異種混淆性と読者代表性を意識して人選をする傾向（傾向4）、の四傾向が生じることになるだろう。つまり、水準確保課題の達成が重要視されるため、シンポジウムのパネリストの人選のような異種混淆性を基盤とした人選にはなりにくい傾向が、伝統と威信がある社会科学の一般雑誌には生じてしまうように思われるのである。

上記の傾向の結果、以下の三つのことが起きやすくなるだろう。第一に、有力な連字符社会学的な投稿論文の方が、既存の専門分野に割り当てることが困難な、新規性をもった学際的な投稿論文よりも、査読ルートに乗りやすい／掲載までに予想外の反応を受けて困らないで済む、ということがあるだろう。第二に、分野別に委員を揃えているとはいっても、社会学全般を扱う学会誌における各連字符社会学の分野に対応した委員の層の厚みは、独立した連字符社会学会の機関誌におけるそれよりも薄いので、オーソドックスな領域のオーソドックスな論文に関しては、連字符社会学会よりも査読の質が低いと評価されるような事態がいくらかの確率で生じるだろう。第三に、査読の教育効果に

（2）じつは、編集委員会は漫然と査読者を選んでいるのだが、査読者が意欲的でかつ優秀で、十二分な異種混淆性を結果として発揮している場合もある。よくも悪くも期待通り、設計どおりにはならないのである。

（3）これは、近年の概数である。より詳しくは、次の文献を見よ。齋藤圭介、二〇一二、「データからみる『社会学評論』――投稿動向と査読動向を中心に」『社会学評論編集委員会報告書』五―二六頁。

（4）日本社会学会では、会員に自らの専門分野を三二の分野の中から三つ選ばせて会員登録をしているが、この専門分野のカテゴリーは投稿論文を仕分けするカテゴリーとしても使われている。また、規定にはないが、実際的には、編集委員や専門査読委員も、このカテゴリーに対応した専門を持っているものとして扱われている。同様のシステムは、他の多くの連字符社会学会でも採用されている。

関しても、査読に長期間を要する割には組み合わせ上の工夫を十分にすることが難しいがために、期待を下回る結果になっている、という評価をされるような事態が生じかねないだろう。

つまり、**規模の大きな社会学一般誌の投稿‐査読システムに関しては、投入されている資源量は大きいのに、システム的な制約から十分なパフォーマンスが得られていない仕組みとなっている**可能性があるのである。

6●資源投入量の小さな雑誌の場合

これに対し、資源投入量の小さな雑誌の投稿‐査読システムの場合には、システム上の工夫でもって、上述の欠点を回避することが可能なように思われる。以下はすべて、編集委員五名ほどで運営されている『新社会学研究』という総合社会学雑誌の場合である。

すなわち、第一に、編集委員は、連字符社会学的にはカバーできている専門領域数は少ないが、その一方で全員が社会学全体の革新をつねに意識／志向している（傾向1'）。ついで、編集委員は、元からの知識だけでは不足している場合には、査読用の知識を査読中に勉強しながら獲得している（傾向2'）。さらに、各投稿論文の検討は、まず刊行の約一年前に二〇〇〇字程度の執筆企画書を審査するかたちで行うのだが、この段階で半分程度に応募者を絞り込む。それと同時に査読主任を決めており、この査読主任は、必ずしも投稿論文の分野の専門家ではないにしろ、その一方で、投稿論文を掲載に価する論文にしていくことに強く動機付けられている（企画書段階で当該論文企画を投稿依頼の対象にすることに賛成した編集委員のうちの一人が、担当査読主任に任じられるため）（傾向3'）。さいごに、いずれの編集委員も、連字符社会学的な閉域内での評価のみに基づいて採否の判断をしないように気をつけている（傾向4'）。

『新社会学研究』の場合、**これらの四傾向があるため、資源投入量の小さい割には、教育的効果の大きな論文査読が実践され得ているの**だと言えよう。(5) ただし、うまくいっている部分にだけ言及するのはフェアではないだろう。上述のような体制であるため、自由投稿論文の受付にはなかなか踏み切れていなかった。なぜなら、編集委員の専門性に偏りがあるため、完全にオープンで自由な投稿論文が集まってきた場合に、水準が確保された査読を遂行できる体制になっていなかったからである。また、投稿企画・投稿論文に対して、十分な異種混淆性に基づいた刺激を与え得ていたかどうかという部分については、今後検証をしていく必要があるだろう。

7●ブランディングの観点から注意しなければならない編集委員会の陥穽

本章の最後に、ブランディングの観点から注意しなければならない編集委員会の活動の陥穽についてまとめておきたい。

古典的学会機関誌の場合には、すでに学問領域が社会的基盤を獲得しているので、官僚制的統制が効き過ぎる弊害は、短期的には浮上してこない。たとえば、日本社会学会や日本心理学会の場合には、科研費申請時の小区分登録においても、大学内の人事プロセスにおいても、「社会学」なり「心理学」という枠が保証されており、学会機関誌が魅力的な論文の掲載をそれほど志向していなくても、学問内容の空洞化は目立ちにくい。ただし、その分、**状況の悪化に気がつくのが遅くなる**というリスクはあるだろう（たとえば、雑誌が届いた時に『ソシオロジ』内の諸論文は読んでも『社会学評論』内の諸論文は読まないという傾向は始まっているのに、十分な対策が取られてはいない）。

さて、それでは学際志向学会の機関誌の場合には、どうだろうか。

たとえば、『保健医療社会学論集』や『質的心理学研究』の場合には、科研費申請時に固有の枠取りがなされた小

（5）この部分は、二〇一八年六月九日に関東社会学会の後援を得て開催された「『新社会学研究』合評会 in 東京」（武蔵大学江古田キャンパス）における中村香住氏の報告に依拠している。

区分は存在していないし、大学や研究機関の人事プロセスにおいても、ごくごく少数の大学において枠取りがされているだけである。したがって、学会としては、学会の可能性の幅を増大させ、それと同時に、運動体としての学会に資源を集めてくることを持続的に行い続けなければならず、その緊張感は機関誌の編集委員会委員にもよく伝わるため、古典的学会機関誌のような事態には陥り難いといえるだろう。

しかし、たとえ**学際志向学会であっても、官僚制的運営への誘因は大きい**。少し学会が大きくなれば、運動体としての緊張感は薄れる。雑多な投稿論文をそれなりの水準で査読していくためには、既存の学問領域や探究対象の領域区分を元にした区分で投稿論文を意味付けることが有効である。査読プロセスをスムーズに進めていくためには、既存の学問領域別に整えられた専門査読者名簿をつくっておき、その名簿から人選する能力をもった専門分野別の編集委員を、投稿論文の専門性に合わせて選ぶかたちの運用が良さそうである。すなわち、専門分野対応型の担当編集委員制をとることが、効率よい処理であるように一見みえてしまう。

もちろん、安易な担当編集委員制を取ってしまえば、学問のブレークスルーのきっかけになるような論文が査読プロセスの中で産み出されていく可能性は小さくなってしまうだろうし、雑誌そのものの個性も複数専門の寄せ集め的なあいまいなものになっていってしまい、学際的研究を志向した運動体としての当該学会の価値も下がっていくことになってしまうだろう。このあたりをどのように踏まえて運動体としての発展可能性を残した編集委員会運営をしていくのか、というのは難しい問題ではある。しかし、**運営モデルを既存の学会の編集委員会に安易に寄せていくことは慎まなければならない**ということだけは、言えるだろうと思われた。

8●まとめ

以下、本章での議論をまとめていこう。冒頭にも記したように、機関誌の投稿-査読システムには、学会をブランディングするための装置としての側面がある。この側面に留意して編集委員会を運営することは、査読者や投稿者とは違うアクターとしての編集委員会に固有の課題であるといえよう。

ただし、この課題に適切に応え続けることは困難なことである。ブランディングには、一方で自己保全を図りながら、もう一方で自己改革も進めていくという二面性が必要だが、大きくなった組織の場合は、このうち、自己保全方向に志向した機関誌編集委員会運営になってしまいやすいのである。官僚制化圧力に抗し難いのである。したがって、**大規模化した主要な学問領域の学会機関誌においては、学問領域の革新につながるような査読論文は出にくくなっていくことになる**（かつ、投稿者への教育的機能も弱まっていくことになる）。

この点において資源投入量の小さな学術誌には、すきま産業的展望がある。社会学一般において、なお存在する学的革新の可能性を、育成し、表現していく媒体となり得る可能性があるのである。

また、学際志向の中小の学会機関誌の場合には、既存の学的イメージに開き直る路線が取りにくいため、学会機関誌によって新領域を創造し続ける必要がある。そのことを踏まえるならば、学際志向の学会機関誌の場合には、主要な学問領域の学会機関誌の運営の仕方をモデルにすることには、慎重さが必要であるといえよう。

次章では、1章から3章までをまとめて、「投稿・査読システムの知識社会学」を論じることとしよう。

第4章　投稿・査読システムの知識社会学
――「査読コメントへの対応方針」をもとに考える

1●知識と知識社会学の現代的課題

本章の第1節では、まず、準備的作業として知識と知識社会学の現代的課題を確認したい。その上で、第1章から第3章までの議論を踏まえた場合、何が可能になるのかをシミュレートすることにしよう。続いて第2節では、『保健医療社会学論集』二七巻二号（二〇一七）に掲載された、論文投稿と査読の関連性を考察した論考である「査読コメントへの対応方針10箇条」(1)をベースにして、それにコンメンタール（逐条解説、あるいは、注解）を付すことで、我々の到達地点を確かめよう。(2)最後に、第3節で、第1章から第3章までの議論の意義を振り返り的にまとめることとしたい。

まず、知識と知識社会学の現代的課題に関しては、以下のように言うことができるだろう。「知識」とは広義には、「人間が知っていることの一切」であるといえるだろうが、狭義にはそのうち、「正しさが確かめられた確実な認識の

（1）石川ひろの・藍木桂子・植田仁美・笹川広子・出口奈緒子・廣中あゆみ・白井千晶、二〇一七、「査読コメントへの対応方針10箇条――投稿リテラシーを高めるために」『保健医療社会学論集』二七（二）：一〇六―一〇九頁。

みを指す」といってよいだろう。そして、この狭義の知識を体系化したものを、我々は「学問」と呼んできた。たてまえ的にいえば、近代社会は、自然に関する狭義の知識をもとに産業化し、社会に関する狭義の知識をもとに分業を発展させ、社会を民主化してきたといえるが、現代社会ではこの基本的な社会発展の構図が疑われていて、そこに知識の現代的課題がある、といってよいだろう。すなわち、自然科学分野においては、高度に専門化され細分化された科学技術は、部分的な計算可能性しか保持しておらず、普遍的な「正しさ」とは別物であったことが露呈したといえるのではないか? 社会科学分野においては、経済も政治も設計どおりには動かないことが明らかになりつつあるといえるのではないか? つまり、**専門知の普遍的通用性が疑わしくなった現在の状況を踏まえれば、投稿・査読システムの知識もまた知識である以上は、その内容は、「静的に体系化された学問知」ということにはならない**だろう。そのような「非状況依存的知」ではなく、相互に矛盾した複数のシステム的課題に対応しようと関係者が四苦八苦しながら、日々再構成を試みている**「動的で状況依存的な知」として、現代の投稿・査読システムの知識を考えていくべき**だろう。

上記のような「場面的・状況的知識」の重要性に鑑みて考えるのならば、現代における「投稿・査読システムの知識社会学」とは、投稿・査読システムの知識と、それが作動する社会との関係を多様に、総合的に考察したもの、ということになるだろう。普遍的に通用する知識の獲得を志向することには、もはや妥当性はないからである。つまるところ、現在必要とされている「知識社会学」は、三つの視点(「査読者視点」「投稿者視点」「編集委員会視点」)を組み合わせて、複合的現象として投稿・査読システムを考える、ということである。同じ編集規定に立脚した同じ学会の同じ機関誌への投稿であったとしても、論文ごとに、編集委員会ごとに、査読者ごとに違った展開をするし、あらかじめその違いを十全に予測することもできない。そういうテンポラリーで偶有的な展開を産み出すシステムとして、投稿と査読に関わるシステムを考えていく、というのが妥当なところである。結局、これこそが、本書に課せられた課題であるといえよう。

2●「査読コメントへの対応方針10箇条」へのコンメンタール

「査読コメントへの対応方針10箇条」は、上述のように、『保健医療社会学論集』二七巻二号に掲載された論考であり、都合のよいことに「CC BY」のクリエイティブ・コモンズ・ライセンスが付されている。すなわち、そのままの再掲でも、改変しての再掲でも、出典さえ記せば違法にならない（あらかじめ許諾されている）という表記がされているのである。まずは、この許諾を活用させてもらって、当該の一〇箇条を再掲することにしよう。

上記の一〇箇条は、二〇一六年一〇月一六日に東京大学において開催された「論文執筆支援ワークショップ」の場で考案されたものであり、多くの文献と議論を踏まえたものである。しかしながら、当時の状況では致し方ないことではあるが、いささか、**静的でかつ、非状況依存的・金言的なものになっている。その部分を、本書の立場から批判的に吟味しつつ、議論を進めていこう。**その過程の中で、投稿―査読連鎖とは何か、それはどのような行為と行為の連鎖なのか、ということが明らかになるだろう。

では、第一条から。第一条「再投稿の期限と決まりを守ろう」には「まず大切なのは、再投稿の期限を厳守し、投稿先の規定に従って編集部に返信することである。期限を過ぎた場合には再投稿の意思がないものと見なされ、締め

（2）日本保健医療社会学会の機関誌である『保健医療社会学論集』掲載論文は、雑誌の紙版発行後一年たった場合、ＰＤＦファイルがJ-stage 上に掲載されているので、このような議論で素材として活用しやすい側面を持っている。なお、この「査読コメントへの対応方針10箇条」論文は、関連する他の三論文とともに、投稿支援に関わる小特集のようなかたちで掲載がなされており、四論文をまとめて読むことで、投稿と査読に関わる（当時の）議論の状況を知ることができる。ＷＥＢ上にあるので、入手して読むことをお勧めする。

表 7　査読コメントへの対応方針 10 箇条[3]

CC BY

1. 再投稿の期限と決まりを守ろう
2. 修正の全体的な方針を決めてから取り組もう
3. 査読コメントへの対応に迷ったら、一人で悩まず相談しよう
4. 査読者への感謝の気持ちを述べよう
5. 分かりやすく簡潔な修正対応表をつけよう
6. 査読者のコメントには明確に網羅的に回答しよう
7. 査読者から指摘を受けていない部分は修正しない
8. 同意できないコメントにも、冷静に科学的に回答しよう
9. 査読者と一緒に論文を作り上げていくプロセスを大事にしよう
10. 再投稿前に、間違いや矛盾、誤字脱字がないか確認しよう

切りを過ぎた再投稿は、初回投稿として扱われることもある」[4]（傍点は引用者。以下同様）という解説がついている。この条文と解説をこれまでの三つの章での主張に関連させて考えてみると、どのようなことがいえるだろうか。

第2章が大きく関係する、といえるだろう。第2章では、同じ雑誌であったとしても、違った編集委員会や違った査読者は、違った制度運用をする可能性があることを指摘した。とするのならば、新しい編集委員会や新しい査読者に対応してもらうために、（フリーライダーと噂されるリスクは生じるものの）わざとタイトルを変えて、タイミングをずらして、新規投稿の地位の獲得を目指すという戦術が、投稿者側の戦術としてはあり得るということになるだろう（編集委員会委員の交代時にも、継続審査になっている投稿論文については、前委員会の査読委員がそのまま継続されることが通例なので、それを避けるためには、出し直しの形にする必要がある、ということである）。もちろん、当該雑誌に投稿辞退届を出して別雑誌に投稿する手もあるが、複数雑誌に同じ編集委員がいる場合には、すべての経緯を知っていて、別雑誌への（形式的には）新規の投稿に対し、前の雑誌の査読者と同じ査読者を割り当ててくるという展開も想定される。[5] なかなか投稿者の思いどおりにはならないものだ、ということは知っておいてもらった方がよいかもしれない。

ついで、第二条に進もう。第二条「修正の全体的な方針を決めてから取り組もう」にも、以下のような解説がつい

ていた。「学際的な分野であるほど、異なる専門分野の査読者が担当となる可能性が高い。二人（またはそれ以上）の査読者のコメントが方向性の異なるものであったり、相反する修正を必要とする指摘であったりすることも珍しくない。査読者のコメントが示唆する修正の方向性が異なっている場合、それぞれに対応していると論文全体としての一貫性が失われてしまうことがある。すべての査読者からのコメントを熟読した上で、修正を始める前に、全体的な対応方針を決めてから取り組もう」。[6]

この解説は、大変に正しく、かつ有益なコメントだが、本書の第1章と第3章を踏まえて読むことが、その意義をさらに高めることに役立つだろう。まず、第1章を踏まえるのなら、目標は「減点法で減点される部分を減らすこと」ではなく、「加点法で加点される部分を増やすこと」だ、ということになる。また、査読者自身が、もう一人の査読者からの影響を強く受けていることに留意するのなら、査読者間の異なった意見に均等に配意するのではなく、**査読者間の（バーチャルな）論争に、論点提供や資源提供をするかたちで投稿者として介入していくような戦術**も採りうる、ということになるだろう。つまり、「査読者Aからの要求」と「査読者Bからの要求」が齟齬をきたしている場合に、投稿者は、直接に片方の査読者に反論する戦術以外に、自分にとって有利になる立場からの意見を述べてくれている査読者に肩入れするリプライを多めに書くようなやり方で、総合的に最終的に自分の立論を維持しやすくしていく、そういう戦術も採りうるということである。[7] また、第3章を踏まえるのならば、傍点で強調されている部

（3）前掲「査読コメントへの対応方針10箇条」一〇六頁。
（4）前掲「査読コメントへの対応方針10箇条」一〇六―一〇七頁。
（5）私自身は、編集委員会メンバーとしては、このようなケースの場合、なるべく（投稿者本人の意向を忖度して）前誌とは違う査読者を割り当てるように配意していたが、逆の志向性をもった編集委員がいたことも事実である。新規の査読者を期待したい場合には、編集委員がかぶっていない雑誌に投稿するよう心がけた方がよいかもしれない。
（6）前掲「査読コメントへの対応方針10箇条」一〇七頁。

分の「全体的な対応方針」を考える際には、その方針が投稿者にとって受け入れ得るものであるかどうかだけでなく、編集委員会の雑誌ブランディング戦略にも合致するものであるかどうか、という観点からの考察もなされるべきだ、ということにもなろう。たとえば、『保健医療社会学論集』への投稿であるのならば、たんに扱っている題材が保健医療的題材（たとえば、リハビリや看護師-患者関係など）であるだけでなく、方法的に保健医療社会学的である場合の方が好まれることは明らかである。とするのならば、査読コメントを受けて再提出する際には、なるべく広く保健医療社会学的な方法に立脚した先行研究を渉猟し、注や文献表でもそれらに言及していくことが、対策になるだろう。**自分の論文の中での論理一貫性のみを気にするのではなく、投稿先雑誌の、雑誌としてのアイデンティティの確立につながるようなかたちで、再提出論文の装いを整えていくことは、当然に望ましい**ことであるといえよう。

第三条の主要論点もまた、査読者Aの意見と査読者Bの意見が対立した場合にどう対処するかであって、これについては、第二条の内容としてすでに書いた。したがって、つぎは第四条である。第四条「査読者への感謝の気持ちを述べよう」には、以下のような解説がついている。「査読者コメントを読むと、『否定的な意見ばかり』『上から目線』『論文に書いてあることを指摘された』と落胆や不満を感じることがあるかもしれない。しかし、ほとんどの場合、査読は無償奉仕で行われている。忙しい本務の中、（断ってもよかった）査読依頼を受け、論文を読んでコメントしてくれたことを考え、貴重な時間を割いてくれたことにまず感謝しよう。再提出の際、返答の冒頭でコメントへの感謝を述べるのもよい。査読返答を書く際にも、感謝をもって誠実に対応しようとすれば、コメントの意味を正確に理解しようと努力もするだろう。正しく理解し、修正を行うことで、結果として論文をよりよいものにすることができる」[8]。

第四条の文末表現が、査読者への感謝の気持ちを「持とう」ではなく「述べよう」となっている点が重要である。つまり、この第四条は、投稿者の倫理の問題を言っているのではないのだ。解説の後ろから二つ目の文にあるように、「感謝をもって誠実に対応しようとすれば、コメントの意味を正確に理解」できるだろうという「読み取りの正確さ」

を確保することや、それに伴う「対応の的確さ」の確保が、獲得すべき目標になっているのである。

しかし、第1章及び第2章からの示唆を基盤にこの第四条を理解するのならば、状況依存性や偶有性に配慮した、スマートな対応をすることも可能になるだろう。たとえば、査読プロセスに多様なアクター間関係があることを踏まえるのならば、（上で筆者が強調した）「否定的な意見ばかり」の部分については、そのような査読者からのコメントが、投稿者向けの記述であるばかりでなく、編集委員会向けの記述でもあるかもしれない可能性に気がつくことが可能になるだろう。つまり、忙しい査読者は、最低限の作業としては、編集委員会向けに出した評価と査読コメントを一致させなければならないのだ。つまり、**褒めっぱなしの査読コメントで評価をBやCにしておくことは、対編集委員会関係として許されない**ので、忙しければどうしても、マイナスの査読コメントを複数個書くことで、評価の正当性を

(7) 複数の査読者が矛盾した修正意見を付けてきた場合（たとえば、片方の査読者は調査データを生かせといい、片方の査読者は調査データをカットして理論論文化せよといってくるような場合）に、担当編集委員（あるいは編集委員会）が「投稿者が困惑しないように、どちらの査読意見に従うべきか判断して、最終的なまとめの意見を書いた上で、投稿者に返却することを原則とするべきだ」という主張がなされることがある。あるいは、そのような目的のために、つねに「編集委員会意見」という付帯文書を査読結果の返却時には添えるべきだ、という意見も根強い。実際に、そのようなかたちでの制度化がなされている学会機関誌も多数存在している。しかし、矛盾した修正意見を放置する場合にもメリットとデメリットがあり、編集委員会が統合する場合にもメリットとデメリットがある。筆者としては、放置する場合のメリット（統合する場合のデメリットでもある）として、「投稿者によって学問の地平が止揚される可能性が存在する」ということを挙げておきたい。創造的な打開策がない、という前提で編集委員会が片方の意見のみを採用してしまえば、矛盾を糧にした学的発展の可能性は永遠に失われてしまうだろう。そもそも、いまではほとんどの雑誌において、投稿者の反論権を認めているのだから、必要以上に投稿者が困惑しないように配慮することはない。そのようなパターナリスティックな編集委員会の対応が学問の発展を阻害している可能性がある、と私は考えている。複数の査読意見が矛盾しているという状況は、「投稿者にとっての桎梏」というより、「投稿者の自由の源」なのである。

(8) 前掲「査読コメントへの対応方針10箇条」「投稿者にとっての桎梏」一〇七頁。

確保する方向に走ってしまうのである。多くの査読者が無償で、激務の隙間をぬって査読をしていることを考慮に加えるのなら、その際に、投稿者にだけでなく、査読者仲間や編集委員会向けにもパフォーマンスをしていることに思いを馳せるべきである。そうすれば、いろいろな部分で「大人の対応」を取ることができる投稿者になることができよう。そういう条文として、この第四条を読むべきである。

少し長くなってしまった。残りの六つの条文のうち、最重要の条文である第九条にだけふれて、第4章を終えよう。

第九条は、「査読者と一緒に論文を作り上げていくプロセスを大事にしよう」という「投稿者」への呼びかけである。この条文には、「推敲を重ね、自信を持って投稿した論文でも、厳しい評価や意見に対応して修正することは、論文の質を高める上で、極めて重要なプロセスである。多くの場合、査読者は同じ分野の専門家であり、よりよい論文、投稿誌の質を下げない論文にしてもらいたいという思いからコメントをしている。査読者から多岐にわたる詳細な指摘を受けることは、事実に対する誤認や不適切な表記を改めるといったことにとどまらず、論文の論理構築や説得力といった内容的な質の向上や新しい解釈や視点を得ることにもつながる可能性がある」[9]という解説が付されていた。

強調した部分が決定的に重要である。「多くの場合、査読者は同じ分野の専門家」であるので、その領域の学問全体に関する構図を頭のなかに持っている。その構図のなかで、この投稿論文がもし掲載されたら、当該の学問分野全体がどのように変化するかまで含めて考えた上で、（何割かの）査読者はコメントを付けているはずである。コメントそのものの中に構図的指示がたとえなかったとしても、個別のコメントから構図的指示を再構成することができる場合もかなりあるはずである。

たとえば、私は毎年『新社会学研究』の公募特集の論文の査読者をしているが、査読時のコメントにあたっては、その査読論文が掲載された場合に、関連学問領域にどのようなインパクトを与えるかを予想し、そのことを意識しながらコメントをするようにしている。別の言い方をしよう。ある種の**査読者は、その審査に携わっている査読論文が**

公刊された際には、最初の引用者に自分がなることも意識しながら、査読コメントを書いているのである。つまり、今、この領域に欠けている視点や、欠けている議論を埋めるものに当該論文をするべく、学界改革的コメントを付けているのである。それが、加点法で査読をするということの、もっとも具体的なイメージであり、ピアレビューであるということの、もっともはっきりした特徴なのである。理想的ピアレビューは、学問分野の全域的な課題意識と結びついたかたちでの査読コメントというものを、産み出すものなのである。

もちろん、予定調和的業績というものはある。当該の学問領域の既存の秩序をまったく混乱させずに、ジグソーパズルの空白部分が特定のピースで埋められるように、新しい（はずの）研究成果が、期待された通りのものでしかないということもある。しかし、そのような場合であってもなお、新しい研究成果は、既存の研究について、「読み取りの構図」を変動させる力を持つことがあるはずなのだ。予想された結果であっても、実際にその成果が掲載されてしまえば、それに伴うディティールの詳細さと変異のおかげで、学的世界に新規性のある意味変容をもたらす可能性を持っているはずなのである。そこを期待して査読者は査読をしているのだし、投稿者は、そういう同時進行性や意味創造性につねに敏感でなければならないだろう。いいかえれば、**我々はつねに「先行研究」を作り替える作業として、論文を書いたり、査読したりしている**のである。新しい論文を発表するということは、巨人の肩の上に立つ小人になることだ、というよりは、囲碁の対局の布石の時期に、場面展開の予想を大きく変化させる可能性のある位置に、一石を打ち込むことなのである。[10]

（9）前掲「査読コメントへの対応方針10箇条」一〇八頁。

3●まとめ

本章では、第1章から第3章までの議論の総括を行った。具体的には、二〇一七年に発表された「査読コメントへの対応方針10箇条」に対し、本書〈講義編〉の立場からのコンメンタールを付すことで、論文投稿と査読プロセスがいかに相互行為的に複雑で、かつ、意味創造的なものであり得るものなのか、という点を明らかにした。つまり、**〈講義編〉は、投稿・査読システムというものが、制度の中で自註（自己定義）されているとおりのものではない、ということを明らかにしてきた**のである。**投稿・査読システムは、学術世界のさまざまな要素と複雑に絡み合った、解き明かされるべき社会現象として存在している**のであり、自註のとおりのものではない。それは、学会間競争の資源であったり、査読者の学的着想の契機であったり、査読者間の頭の良さ競争のフィールドであったりするのである。たんに、投稿者の論文が学会機関誌に掲載されるべき水準に達しているかどうかだけが話し合われている、制度どおりの現象ではないのである。そのことをまずは理解してもらい、ついで、**その複雑な現象が、どうじに、総合的には学的創造の苗床的意味を帯びている可能性を持っていることをも、第1章から第3章までの議論では主張してきた**のである。

（10）この部分のアイディアは、藤垣裕子『専門知と公共性――科学技術社会論の構築へ向けて』（東京大学出版会、二〇〇三）の六〇頁から七一頁にかけての二つの節である「引用論：書き換えのメカニズム」と「作動中の知識と構造構築後の知識」から得られた。藤垣は「論文が引用行為によって意味を変え」「先行研究群の配置が引用された瞬間に、変」わることがある、と主張する（六一頁）。つまり、「引用によってもとの論文の意味は常に再構成される」（六一頁）というのである。ここでの藤垣の議論を我々のテーマである投稿・査読プロセス論に援用するならば、以下のようになろう。すなわち、ある種の**先行研究群αを引用した新しい論文Xが雑誌に掲載されるならば、当該先行研究群αの意味は当然に再構成されるし、学界の状況には変化が生まれる**、ということである。わかりやすくいえば、それまではたいした知的生産性をもっていないと思われていた先行研究群αが、論文Xの登場によって、にわかに脚光を浴びて「知的生産性に満ちた宝の山」に見えてくる、ということがありうるのである。論文Xの査読者は、査読コメントによって、論文Xの執筆者の共同投稿者になり得るのである。査読者は、そういう未来の設計図を、論文著者と共同創造しながら査読をしている可能性があるのである。つまりは、藤垣がいうように「専門家にとって、ほんとうに最先端のことは、今まさに作りつつある知識」（七一頁）であるならば、当該論文のなかに言語化が困難な知識というものを言語化する作業は、投稿者と査読者の共同作業として達成されることもある、ということなのである。

この議論をちょっと応用すると、以下のようにもいえるのではないだろうか。すなわち、**査読者がはっきりと方向性を言語で示してくれないような査読コメントを返してきている場合こそ、投稿者にとってチャンス**なのではないか。なぜなら、そのとき査読者は、この最先端の「作動中の知識」のレベルにいて、言語化したいけれども言語化にまではいたっていない知識の状態の中で査読コメントを書いてきている可能性があるのである。**分かりやすいコメントを書く査読者のみが、優秀なのではない**。最先端の「作動中の知識」に照応させながら、新しい言語を共同で紡ぎ出そうと促してくる査読者を否定的に扱おうとするのは、学問の自殺行為であろう。理想的には、査読者すら言語化できていない部分を言語化する、世界初の作業を実施することこそが、投稿者が真にやらなければならない知の創造作業だ、といえるのではないだろうか。第九条は、その言葉の意味のままに受けとられて良い。つまり、投稿者と査読者は知の共同創造者であり得るのである。

第5章　慣習化されていることの実例の呈示と考察
――査読プロセスの前半を対象として

1●前章までの議論のまとめと査読プロセスの一〇段階

本章の具体的議論を始める前に、前章までの内容をまず、復習しよう。前章までで我々は、査読にかかわる主要な三つのアクターを、「査読者」「投稿者」「編集委員会」として立て、この三者間の戦略と予期と反応が複雑に関わる動的過程として投稿・査読プロセスを考えてきた。その結果、「静的な制度モデル」とは異なる、「テンポラリーで偶有的な展開をノイズとして無視しない、動的なアクター間相互関与モデル」としての「投稿・査読プロセスモデル」を構築してきた。この成果をもとに、**本章と次章では、これまであまり報告／公開されていない実態を呈示するとともに、その実態には合理性があることをも、述べていきたい**。とはいえ、例示であっても、投稿者の秘密や査読者の秘密を侵すことはできない。したがって、リアルな投稿論文に対するリアルな査読コメントを呈示し、分析することはできない[1]。ある程度の一般化・抽象化を施したうえで、投稿・査読プロセスの実例については、それを部分的に示すこととなろう。

ただし、運の良いことに、近年、各学会は査読ガイドラインを公表する傾向にある。日本国内の社会学関係では、「『家族社会学研究』査読ガイドライン」（日本家族社会学会）、「『保健医療社会学論集』査読ガイドライン」（日本保健医療社会学会）、「『年報社会学論集』査読ガイドライン」（関東社会学会）の三学会のガイドラインが公開されている。これらが有用である。なぜなら、これら査読ガイドラインの中の諸表現こそは、編集委員会が査読者に何を期待しているかの表現になっているのだし、どのようなトラブルが投稿者と査読者とのあいだに生じているのか、ということに関する見取り図を我々に示すものになっているからだ。

たとえば、「『保健医療社会学論集』査読ガイドライン」(2)の前文には、以下のようなホームページ掲載に関しての理由説明が載っている。「（前略）狙いは、投稿者を含む学会員に、査読業務に関するより具体的な情報を知ってもらうことで、学会機関誌に対する理解を増進し、かつまた、投稿にあたってのリテラシーを高めてもらうこと」（強調は引用者）であると書かれているのである。

もちろん、以下のことは重要である。すなわち、書かれているルールを読んだからといって、査読に係わる諸活動の実際がわかるわけではないこと、すなわち、紙に書かれていないたくさんのことが現場では生じていること、この点は、本書の基本認識である。だから、書かれていることをそのまま信じるのではなくて、疑いつつ、理解していこう。

下に示す表8に査読プロセスを一〇段階に分けて時期別に呈示してみた。本章では、この表の前半に集中して、議論を行うことにしよう。そうすれば、じつに多様なことが現場では起きていること、標準的な対応と違う対応であっても理由があって違っているのであって、その違っていることそのものに意味が含まれているのだということ、それ

表８　査読プロセスの１０段階
（５章と６章で言及する１０の項目）

＝査読プロセスの前半（第５章で解説）＝
①打診を受ける
②論文の送付を受ける
③１回目の査読コメントを書く準備をする
④実際に１回目のコメントを書く
⑤再査読用原稿が戻ってくるまで待つ
＝査読プロセスの後半（第６章で解説）＝
⑥２回目の査読コメントを書く準備をする
⑦実際に２回目のコメントを書く
⑧再々査読用原稿が戻ってくるまで待つ
⑨３回目の査読コメントを書く準備をし、実際に書く
⑩査読終了後の連絡を受けて対応をしたり、しなかったりする

らのことが分かるはずだ。

2●査読プロセスの実例呈示――①打診を受ける

「査読プロセス」を一〇段階に分けると表8のようになる。本節ではこの前半部分の五つの段階に関して、順次実践的なコメントをしていきたい。

日本の学術雑誌の査読者の決め方には、大きな二つのやり方が存在している。まずひとつ目は、査読者をあらかじめ選んでおくやり方であり、ふたつ目は、投稿があってから査読者を選ぶやり方だ。[3] あらかじめ選んでおくやり方にも二つのケースがある。ひとつは、『ソシオロジ』のように編集委員がその任にあたる場合である。もうひとつは、『社会学評論』や『年報社会学論集』のように編集委員以外に専門委員や査読委員があらかじめ存在していて、それらの編集委員会委員以外の査読担当者が専門的に査読の担当となる場合である。

これに対し、投稿があってから査読担当者を選ぶ雑誌もある（たとえば、『保健医療社会学論集』）。

査読プロセスの第一段階は、「①打診を受ける」であるが、上記のような分類があるため、打診を受ける対象は、

（1）この希有な試みが実践されたことがある。日本保健医療社会学会の関西地区の研究例会がそれであり、模擬論文の執筆者であった木下衆による行き届いた分析と報告が公表されている。次の文献を参照せよ。木下衆、二〇一二、「査読される側の倫理――ある模擬査読のケーススタディ〈特集〉研究をする／論文を書く／研究費を獲得する」」『保健医療社会学論集』二三（一）：二八―三七頁。木下衆・樫田美雄、二〇一二、「ＷＥＢを利用した模擬査読の課題と可能性」『徳島大学社会科学研究』二六：一五―一八頁。

（2）この部分で引用されている文言は、二〇一六年版ガイドラインからのものであって、現在有効になっているガイドラインとは文言が異なっている。なお、二〇二〇年九月末以降、以下のＵＲＬに新しいガイドラインが公開されている（https://square.umin.ac.jp/medsocio/pdf/sadoku_v2.pdf）。

編集委員だったり、専門委員だったり、臨時専門委員(4)だったりする。また、打診を受けた時点で、査読する論文の内容が確定している場合と、していない場合がある。これらの条件から、以下のような相互行為的な実態が理解可能かつ説明可能になる。

「今回打診された査読ですが、その投稿論文は、ほんとうに〇〇学の内容をもった論文ですか。事前に聞かせて下さい。国外からもたくさん査読や審査依頼が来るので、査読する対象としては私の専門である〇〇学の内容を持ったもの以外は最近はお断りするようにしているのです」（A氏との電話会話）。

「今年は、まだ二本目の査読依頼だから受けます。毎年、査読は三本まで、講演は二本までと決めているのです」（B氏からの電子メール内の文面）。

「断っていいでしょうか。じつは誰にも話をしていないのですが、重い▲▲病を患っていて、無理が利かないのです」（C氏との電話会話）。

「毎年査読を頼まれるので、もうこの学会だけでなく、あの学会もやめて、学会所属は一つか二つに絞ろうかと思っているのです。しなければならない仕事があるのに、したい仕事があるのに、それが出来なくなっています」（D氏からの電子メール内の文面）。

上の四つの発話はいずれも打診を受けた際の査読候補者の発話や電子メール文であり、筆者が実際に体験した事例である（個別の言い回しは正確ではないが、大意はつかめているはずだ）。

この四例を呈示したのは、単純に**「忙しいから」とか「イヤだから」というような断り方は通常なされない**ということを示したかったからである。つまり、査読は、受ける際も、断る際も、当該研究者の研究者人生をかけた判断を伴っていることがある、ということを示したかったのである。その上で、判断の説明においては、研究（者人生）上の損得判断を根拠にしているということが興味深い。そこが、依頼者と共有できる点だ、と被依頼者が考えているということがここから見えてくる。実際には、上述の四名のうち、前半の二名は査読依頼を受けて下さって、後半の二名は辞退であったが、そういう違いよりは同質性に着目するべきだろう。**査読依頼の受諾／拒絶には、自らの研究者人生の未来の観点から考えて判断することが適切で適当なものである、ということが相互行為上の規範として読み取れる**のである。

さらに、深く考えている言明であることがよく分かるという特徴以上に、上述の四名の方の発話には、特徴的な点が二点ある。**第一に、プライバシー開示的であること**、[5] **第二に、ポリシー呈示的であること**、である。これらの特徴

（3）じつは、査読システムに関する区分を十分に正確に行おうとすると、もう少し分岐を増やさなければならず、したがって、説明はかなり複雑なものになる。

たとえば、査読者が一人なのか、二人なのか、三人なのか（地理学や日本語学で三人のケースを見たことがある）。編集委員は査読者になるのか、ならないのか。常時なるのか、特別な場合のみなるのか。査読者人数は安定的なのか、査読プロセスの中で増減するものなのか（たとえば、元々依頼していた二人の査読者が評価割れをしたときのみ、第三査読者を立てるという学会もある。これに対し、常時、編集委員が第三査読者として、全体のコメントを取りまとめる、というような学会も存在する。査読者が途中で増えるケースとは逆に減るケースもある。そのままでの掲載を可とする判定であるA判定を出した場合に、当該の査読者は査読プロセスをはずれて、もう一人の査読者のみがAになるまで査読を続けるというようなケースも存在する）。

さらに複数の査読者が、対等なのか、対等でないのか、という分岐もあるだろう。たとえば、編集委員会の外側に査読者を置く現在の体制を取る前の『質的心理学研究』では、片方の査読者が主任査読者として、取りまとめを行っていた。つまり、対等ではなかった。さらにいえば、これらの諸ルールが、公開されている場合も、非公開の場合もあり、かつまた、ルールに明記されているやり方とは違うやり方が、編集委員会で容認されて実行されることが日常化している場合すらある。したがって、重要なのは、場合分けを漏れなく行うことというより、一つ一つのケースがいかに状況適合的で有意味なものであるのかを、詳細さの中に跡づけながら記述していくことのほうだろう。

（4）『社会学評論』の場合、編集委員会の任期とともに任命される専門委員だけでは一論文に必要な二名の査読者を揃えることが困難な場合があり、論文毎に単発で任命される査読者が存在している。この二人目の査読者を臨時専門委員と称している（いずれの委員も、編集委員会の任期末の『社会学評論』において、氏名が公開されている）。

から、どういうことが派生・帰結するかというと、申し出られた内容は、センシティブな内容であると認識され、慎重に取り扱われるようになること、そして、そうであるにもかかわらず、別の時期や別の雑誌の編集委員会で、前記四名の方が査読者候補として名前が挙がったさいには、当該研究者にも利益があるようなやり方で、編集委員会内審議が誘導されていき易くなること、この二点が派生・帰結する。そのような展開は投稿・査読システムに機能的であるように思われ、したがって、**このような語り方は慣習的に合理的なものとして成立した語り方である**ように思われた。

たとえば、A氏に関しては、○○学色が強くない投稿論文については査読を受諾しないことが目に見えているので、そのような場合は、編集委員会の段階でA氏を候補に選ばないという選択をすることになる。たとえば、B氏に関しては、年度の当初は気楽に、あるいは積極的に依頼するが、中盤になると、査読依頼候補者として名前を挙げることを（当該情報を知っている）編集委員たちは避けるようになるだろう。

後者の二名の方々（C氏とD氏）に関しては、学会内の他の役職の候補になりそうな場合にも、この会話で得た知識が援用されて、たとえば「理由は申し挙げることができませんが、C氏は難しいと思います」という発話が、理事会等の席で（やはり当該情報を知っている）誰かからなされることになるだろう。

学会内コミュニケーションについては稿を改めて論じる必要があるが、多くの学会で、研究活動委員会や編集委員会は、一般会員との接点が比較的多い委員会である。したがって、そのような委員会の委員からの仕事を受けたり、断ったりすると、その時に添えた理由は、学会の他の部署におけるメンバーの採用や不採用に関連して、使われる可能性が生じると予想してよいだろう。

つまり、相対的に見て、**査読依頼を受け続ければ**、**学会の他の役職を委嘱される可能性が高くなる**というようなことが言えるはずだ。また逆に、査読依頼を断り続ければ、一般的には学会の仕事の依頼をされにくくなっていくだろう。編集委員会は学会の諸機関のなかでも重要性の高い機関として理解されているが、その重要性は、学会機関誌の重要性に由来するものだけでなく、このように、学会員‐学会役員間コミュニケーションにおける「相対頻度の高さ」にも由来するものなのかも知れない。

3●②論文の送付を受ける、および、③一回目の査読コメントを書く準備をする

さて、査読プロセスの第二段階は、「②論文の送付を受ける」であるが、これについては、便宜的に、第三段階の「③一回目の査読コメントを書く準備をする」とワンセットで述べていくことにしよう。

かつて『社会学評論』は四週間の期間を査読者の査読期間として提供していたが、今では三週間である。しかし、本の通販（アマゾン等）の普及程度の増大を考えれば、このスピードアップは受入可能な程度であるといえよう。三週間あれば、大抵の本や論文は取り寄せることができるからだ。関西学院大学の佐藤哲彦も言っていたが、多くの査読者（の一部）は査読時に本を取り寄せて勉強しながら査読を行っている。したがって第二段階で「**②論文の送付を受ける**」**タイミングで最初にする行為は、「文献表と注をチェックすること」**となる。つまり、主要な著書や論文で未見のものや、手元に持っていないものがあった場合には、このタイミングで発注を掛けるのである。[6]時間があるときには、本文を斜め読みして、コメントの方向性を考えることもある。そのときには、複数回の編集委員経験で得た知識をフル活用する査読者もいるだろう。つまり、自分がどういうバランス期待のもとで査読者に選ばれているのか、

（5）プライバシー開示とはいえないかもしれないが、海外出張や在外研修が予定されている場合には、少し前までは、査読は投稿論文の郵送が前提だったので、査読担当を断る理由となっていた。しかし、近年では逆に、電子的なやりとりが増えてきているために「日本国内の雑務がないのだから、査読はむしろ頼みやすいのではないか」という議論が編集委員会内で出て、依頼することの方が増えているようである。

編集委員会から期待されている役割は何なのか、その期待された役割を果たしたほうがよいのか、そのあたりをまず最初に考えてみる査読者もいると思われる。

たとえば、**送付されてきた査読コメント用紙に「甲」とか「乙」とか書いてあることがある。**この情報も大事な判断材料となる。多くの場合、編集委員会は、査読者を組み合わせ的に選んでいる。つまり、「査読者・甲」に「オーソドックスな、社会学の標準的研究者」を充てた場合には、「査読者・乙」に「甲では見落としてしまいそうな論点を発見できる研究者」（たとえば、統計専門家等々）を充てるように配慮するだろう。[7]

なお、**文献表と同時に注をまず読むのは、しばしば注が論文全体のレベルや方向性を表示する指標として有効だからである。**あるいは、注が単独で読めて、かつ、運が良ければ、価値ある情報がピックアップしやすいかたちで書かれている部分だからである。本文は、本文全体を読まなければ活用が難しいが、注は、そうでない場合が比較的多いからである。

第三段階の「③一回目の査読コメントを書く準備をする」に関するコメントについては、各査読ガイドラインを活用して考えていくことにしよう。

まず、どの査読ガイドラインも相互に匿名性を守ることの重要性を指摘している。[8] けれども、たとえば、調査テーマや調査対象が珍しいものであって、それが既報の場合、投稿者の氏名は査読者にわかってしまう。インターネット検索はこのような場合にたいへんに有用である。この**匿名性の保持に後ろ向きな査読者の行為には、非難が寄せられる可能性も高いと思われる。しかし、少なくとも、査読者側に、以下のような言い訳の論理がありうることだけは確認しておきたい。**

第一に、それは、投稿者の受ける利益を増大させる行為である。誰が投稿者であろうと、査読者は公平・中立に査読評価を行い得る可能性がある。その上で、インターネット検索の結果、調査の概要や、既報の原稿での議論の流れがわかることで、現在の投稿論文の内容について、理解が促進されたり、学界内での位置づけが容易になったりする。

この利益の大きさに比べれば、匿名が維持できなくなったことによる損失は比較的小さいと言える場合があるだろう。第二に、それは、研究者の慣習から大きくは逸脱していない行為である。科学研究費の審査においては、申請者のリサーチマップ情報が容易に閲覧できるよう、そのＵＲＬが呈示されている。けれども、それゆえ不公平とは言われ

(6) 査読時の必要にせまられて読んだ本の中で、一番思い出深いものは、ジュリアン・ジェインズ『神々の沈黙――意識の誕生と文明の興亡』(紀伊國屋書店、二〇〇五)である。当該投稿論文そのものは結局、雑誌に掲載されなかったが、この本は、私の授業のネタとして、論文指導時の話の素材として、たくさん活用させて頂いた。

(7)『社会学評論』の場合には、自分が、専門委員なのか臨時専門委員なのかが、この「甲」「乙」情報と並んで重要な情報になる。たとえば、自分が〇〇学というマイナーな学問分野のスペシャリストでかつ、臨時専門委員として「乙」査読者に選ばれた場合には、以下のように推論することが可能となるだろう。すなわち、「甲」査読者は専門委員から選ばれており、かつ、当該査読者は、スペシャリストではなく、読者代表としての査読コメントを書くことを期待されているのだろうと予想できるのである。なぜなら、『社会学評論』の場合、二人の査読者がともに専門委員であってもよいことになっており、かつ、最低限、一人の査読者は専門委員から選ばれることになっているからである。そうである以上、「スペシャリスト」の自分が「乙」査読者に選ばれたならば、もう一人は(ある程度)「ジェネラリスト」であると予想がつくのである。

(8) 匿名性の保全は以下のように謳われている。「論文の記述等から、執筆者が特定できる場合があっても、当該論文に関する注意や助言などを執筆者当人や関係者(指導教授など)に直接伝えることは絶対にしてはならず、執筆者に伝えたいことはすべて、編集委員会宛の書類の中に書きこまねばならない」という内容である。この文面は、今回取り扱う三種の査読ガイドラインにおいてほぼ同じとなっている。この点は興味深い。つまり、査読ガイドラインは、おそらくは家族社会学会のものが先にあって、それが他の学会に影響を与えていった、というような系譜性を持つものなのだろう。なお、**ＩＣＴ革命のおかげで匿名性が守りがたくなっていることには注意が必要**である。ある雑誌で、査読者が書き込みをしたワードファイルがそのまま、投稿者に届けられてしまうという事件があった。マイクロソフト社のワードでは、「ドキュメントのプロパティ」に記入者名に関する情報が残ってしまうので、査読者の匿名性を守るには、「情報」タブの「文書の検査」で検索をして、当該データを削除する必要があったが、その操作がなされていなかった。技術の進歩は早く激しく、したがって、ルールを守る仕組み作りは絶え間なく行わなければならない、といえよう。

ることがない。学会大会においても、所属と名前を出した上で我々は通常、議論を行っている。

第三に、監視役としての編集委員会が存在しているのだから、投稿者に不当な不利益を与える行為はしにくくなっている。そのような抑制装置があるのだから、匿名性を守らないことそれ自体のマイナス性は比較的小さいといえる。

4●④実際に一回目のコメントを書く、および、⑤再査読用原稿が戻ってくるまで待つ

この節では、第四の段階である「④実際に一回目のコメントを書く」と、第五の段階である「⑤再査読用原稿が戻ってくるまで待つ」をまとめて扱うこととしよう。

ここでもガイドラインの記述が役に立つ。「『保健医療社会学論集』査読ガイドライン」には、「コメントの量の目安は、おおよそA4用紙で一～二枚程度が平均であり、A～Eのいずれの評価であってもコメントは必ずお書き下さい。（中略）三枚以上に及ぶコメントには委員会としては感謝いたしますが、それを皆様に要求することはできないと考えております」[9]という記載がある。『社会学評論』や『家族社会学研究』で査読者に配布している文書にも同じような文面があったので、この言い回しは各学会で使い回しされているのだろう。

しかし、この記載をもとにコメントの実際の量を推測することは適切ではない。私の編集委員会メンバーとしての経験では、コメントの量の平均値はもう少し大きな数値になっていた（A4で三枚～四枚程度か）。その一方で、多くのガイドラインには、**このように短めの頁数が推奨頁数として書かれている。この食い違いを我々はどのように解釈すればよいのだろうか**。単なる間違いなのだろうか、あるいは、この食い違いには、その食い違いを支える合理性があるのだろうか。

筆者は合理性がある、という立場である。というのも、このように書けば、「コメントを書き足していて査読提出が遅延してしまいました」という言い訳がしにくくなるからである。たしかに、D判定やX判定で極端に少ないコメ

ント量の場合があって、編集委員会が困ることはあるが、編集委員会が困り果てるもっとも大きな問題は、遅延である。遅延は、ときには、半年や一年に及ぶことがあり、投稿者の就職活動はもとより、人生設計にまで影響を与えることになる。したがって、**コメントの量の推奨頁数などは詐術的に短く記載してでも、遅延を減らすかたちで「ガイドライン」の記載をしよう、という志向性になることは合理的**であろう。

ところで、投稿者や編集委員会からみて、遅延の次に気になるのは、じつはコメントの内容である。このコメントの内容に関する問題については以下の三点に分けて、言及しておきたい。第一に、コメント内不整合問題、第二に、誤植問題、第三に、事実誤認的指摘問題、この三つである。

まず、「コメント内不整合問題」から。ガイドラインはこの問題への対応に関して様々な工夫を行っている。多くの場合、査読者のコメントは三つの部分からできあがっているので、「コメント内不整合問題」もこの三つの相互関係として発生する。すなわち、「(採否に関する)総評」と「項目別のチェックリスト」と「文章での非総評的コメント」がそれぞれ食い違うことがあるのである。たとえば、総評が「C」や「D」なのに、「文章での非総評的コメント」の内容が褒めてばかりのものであった場合には、編集委員会としては、投稿者に当該コメントを届けずに、査読者に内容確認の照会をすることになるだろう。[10] けれども、それでは、遅延が発生してしまいかねない。したがって、ガイドラインは口うるさく、上記の三つの部分に不整合／行き違いが生じないよう注意喚起をしている。また「項目別のチェックリスト」で「不可」がついているのに、「文章での非総評的コメント」でその「不可」の中身に関する

(9) この部分の引用も、「二〇一六年版ガイドライン」からのものであって、現在有効になっているガイドラインとは文言が異なっている。

(10) そのような可能性がある旨を記載しているガイドラインとして、『保健医療社会学論集』査読ガイドライン」(二〇一六年版)をあげておこう。

言及がない場合も、編集委員会を当惑させる。「これでは、どこをどう直したらよいか分からない」という投稿者からのクレームが予期されるからである。けれども、この二つの部分間の齟齬を減らそうと、「文章での非総評的コメント」を丁寧に記述してしまうと、その丁寧さの思わざる効果として、査読プロセス全体が（第1章で述べた）「減点法的査読プロセス」に近似していってしまう、という問題が発生してしまう（おそらくそのような展開の不適切さが意識されてだろう、「チェックリスト」の「不可」に対応した「説明コメント」がない査読シートがそのまま投稿者に返されることがしばしば起きているようにみえる）。「査読者に言われたポイントを丁寧に直したのだからこれで掲載論文として成立するはずだ」という誤解が投稿者に生まれやすくなってしまうのである。したがって、査読者としては、その思わざる効果の悪影響の程度を抑えるために、「総評」を、新規に展開しうる構想まで含めて長く書かざるを得なくなる。結果的に、投稿者と編集委員会からの期待に十全に応えようとすると、コメント文は長くなってしまうのである。バランスの取り方はなかなか難しい。

遅延問題が意識されているだろう実務上の特徴のもう一つの例として、「誤植問題」への標準的対応がどのようなものであったかを紹介しておこう。じつは、査読コメントには、しばしば誤植が発見される。けれども、多くの編集委員会（あるいは、編集委員会内の、当該査読者担当の編集委員）は、（一般的には）誤植を、査読者に戻して確認したうえで直す丁寧なプロセスを経ようとはしない。すくなくとも、私が『社会学評論』の編集委員だったときには、担当している**査読者から戻ってきたファイル内の小さな誤植については、自分のほうで直して事務局に回していた。**それで、問題を指摘されるようなことはなかった。とにかく遅延を避けるということが大事なのであり、志向されているのである。

じつは、さいごの「事実誤認的指摘問題」の処理も、上述の諸問題同様、遅延問題を意識したものになっていた。査読者も時に間違うことがある。たとえば、計算間違いだったり、文章内記述の見落としだったりする（たとえば、書いていることを書いていない、と指摘してしまうケースなど）。それらの間違いのうち純粋に事実にかかわる誤認の場合においては、投稿者のほうで気づくこともできるだろうし、反論権を投稿者に与えている学術雑誌なら、あまり大きな問題にはならないだろう。つまりは放置が許される場合が多いといえる（放置によって遅延防止が志向されている）。それに対し、同じ「事実誤認」であっても「規範の適用に関わる不当な要求」が査読者からなされている場合には、事態がのちのち紛糾する可能性が高く、一回目の査読で、査読者からの誤った要求をそのままの形で投稿者に伝えてしまわない、という配慮が重要となる。そして、この配慮の示し方もまた遅延防止を志向していたのである。

私が体験した事例から二つのケースを紹介したい。ひとつ目は英文要旨原稿のネイティブ・チェックの必要となるタイミングに係わる事実誤認ケースであり、二つ目は倫理審査委員会の審査受審義務に係わる事実誤認ケースだった。すなわち、まず当該雑誌は、最初の投稿時にはネイティブ・チェックの遂行を英文要旨に対して要求していない雑誌であった。それにもかかわらず、事前のネイティブ・チェックが必要であったのにされていない、と査読者が主張してしまっているというケースがひとつ目のケースである。ついで、当該雑誌は、倫理委員会の倫理審査を受けていることを論文投稿の条件としていない雑誌であったにもかかわらず、思い込みから「第二稿では、倫理委員会承認を受けていることの記載を落とさないで文面内に書き込むように」という誤った指示をした査読者がいた。これが二つ目のケースであった。

これらの**「誤った規範適用要求」ケース**に対しても、先の誤植同様、筆者（この場合査読者）に、査読コメントを差し戻し、文書の起草者自身が改訂版を作成し、それを投稿者に届けるというかたちは取られなかった。遅延防止のためであるといえよう。

実務上は、編集委員会注記として、投稿者に編集委員会からの情報提供を付け加えた査読コメントを届けるというかたちで、実質的な訂正を行った。すなわち、以下のような文面を添えて、遅延を避ける対応をした。

「この査読コメント中には、英文要旨に関してネイティブ・チェックを受けていないことを問題視し、改訂第二稿の送付に当たってはネイティブ・チェックを済ました英文要旨を添えるように、という指示があります。しかし、本学会は、投稿論文の筆者に対して、第一稿や第二稿時点でのネイティブ・チェックを義務づけていません。したがって、上記指示にしたがう義務はありません。ただ、英文要旨もまた査読対象ではありますので、意味が通らない言い回し等が、英文要旨中に残存しないよう配慮するのは望ましいことです。そのため、任意ですが、ネイティブ・チェックを受けたあとの英文要旨を添えて投稿することをご検討頂くのもよいでしょう。いろいろ考えて、第二稿では、よりよいものを出して下さい」というような文面を添えたのである。なお、この編集委員会注記の文面は、投稿者から改訂第二稿原稿が出たあとには、改訂第二稿ともども、両査読者に届けられるようなシステムがつくられており、編集委員会がどのような対応を「適用すべき規範を誤った査読コメント」に対して行ったかが、目に見えるものになっている（つまりトラブル処理がトラブル予防的価値を持つものになっている）。

さいごに、第五の段階である「⑤再査読用原稿が戻ってくるまで待つ」を扱おう。じつは、この時期に読む参考文献も多い。というのは、学外からの取り寄せ論文の場合、第一回目の査読コメントの締切までには入手できない資料もあるのである。また、入手はしたものの、時間がなくて読めていない資料も多く残ってしまうからである。査読をすると、読むべき文献が日常的に増えてしまうのである。

さらに言うならば、投稿論文の文献表は不十分なことが多いのである。当然に必要な文献への言及がない場合も思いのほか多い[11]。それらに気がついて集め始めると、三週間では資料が揃わないのである。この時期に、自分のオリジナルな研究領域と重ね合わせつつ、第二稿の査読論文へのコメントの構想を考え、ワードでメモを作って保存しておくこともある。私は、パソコン上に、毎年「学会」というフォルダをつくり、そこに諸学会での発表予定や執筆予定の論文に関するサブフォルダを配置して情報管理をしているのだが、「学会」というフォルダ内には、各査読のフォルダもあり、査読コメント執筆用に集めたPDFファイルの論文等は、簡単に研究用の他のフォルダに移動させることができるようになっている。そういうかたちで、査読活動と研究活動をリンクさせることで、査読負担をなんとかプラスの価値に転換させようと工夫をしているのである。これが私の現在の「査読プロセス（前半）」の実践状況と、その状況に基づいたコメントである。

5●まとめ

第5章では、表8の前半の五項目を、筆者自身の経験や、各学会のガイドライン内記述をベースに、それらから見て取れる**「投稿・査読のプロセスにおいて慣習化されていること」を、まずは実例呈示し、ついで、その慣習の相互行為的合理性を解明するべく、分析的に記述した。**次の第6章では、「実例呈示」の後半として、表8の後半の五項目を、本章同様、査読ガイドライン等を活用しながら、分析していきたい。

(11) たとえば、円環的時間論に言及しているのに、社会学の領域の論文なのに、真木悠介『時間の比較社会学』(岩波書店、二〇〇三)に言及していない等。先行研究をどのように選ぶかということ自身が、研究の中身そのものなので、絶対に扱わなければならない先行研究文献などというものはない。それはたしかだ。しかし、社会学者ならとうぜんに知っている文献を使わない、言及しないというのなら、それに見合った議論構成の面白みが、その有意味な欠落から発生してきていないと困るのである。そういうことが起きておらず、たんになされなければならない言及がなされていない場合、つまり、思考の欠落が存在している場合は、いったいどのように助言したらよいのだろうか。よくわからなくなる。そこを考えるために文献を取り寄せることも査読者の仕事であるといえよう。

第6章　価値合理的に行為する社会的文化的存在としての諸アクター——査読プロセスの後半を分析する

1●〈講義編〉を終えるにあたって

この〈講義編〉の冒頭の第1章で私は、執筆の基本方針として、「参与者に単純な利益享受者の役割を与えず、相互に学的に扶助しあう仲間であるという意識が醸成される可能性を踏まえて」考えていくという方針を立てた（四頁）。これは、言い方をかえれば、**投稿と査読に参与する諸アクターが、経済合理性ではなく、価値合理性に則って行為をし、慣習を作り上げていく可能性に十分配意**して考えるという意味になる。

この第6章では、この第1章に呈示した本書の方針がいかに有意味であったかを中心に述べていくことにしよう[1]。すなわち、この第6章において、投稿や査読にかかわる行為者が、「経済合理性ではなく、価値合理性に則って行為する行為者」として定位できたならば、それはつまり、投稿し、査読するものが、学的探求にふさわしい存在である

（1）本書では、投稿と査読という活動は、価値合理的であるだけでなく、相互行為的活動であるとも考えている。また、その二つの特徴を分かち持っているがゆえに、社会学的活動であるとも主張している。この第6章では、とりあえず価値合理的であることを例証しつつ、相互行為的であることや社会学的であることについては必要に応じて言及することとしよう。

ことの証左となるだろう。[2] そうなってくれれば、本書〈講義編〉の記述には価値があった、ということができるだろう。

2●価値合理的人間としての投稿者と査読者の呈示、という目標

この第6章を書くために、これまでの自分の査読文執筆時の様子を思い返してみた。その結果、強く印象づけられたのは、「査読という活動において本当に実践されているのは、〝書かれたものへの評価〟というより、〝その評価をどのように位置づけ、どのように伝えるのか、そうやって自らが関係する他者に私の活動が十分適切であるということをどうやって伝えるのか、という配慮の呈示〟」であったということだ。そして、この〝関係する他者への配慮〟というのは、自分の利益を図るというような目的合理で説明し尽くせるものではなく、何かしら世界構成的な、価値合理的な性格をもったものだったとも思われたのである。

以下では、上記のような主張の証拠になるような事例をなるべくヴィヴィッドなかたちで挙げるようにしよう。そうやって、第1章から第4章にかけて述べたこと、すなわち、**投稿・査読プロセスは、多数のアクター間での複合的な相互行為の多重累積的なものとして存在している（投稿と査読の相互行為累積性）という主張に、「その多重累積的なものは、さらに価値合理的な行為の連鎖としての意味をも持っている」という肉付けをしていきたい。**

3●遅延をめぐる諸事情に関する考察——査読プロセスの後半を分析する

まず、ここで第5章掲載の、「査読プロセスの一〇段階」を再掲する。第6章では、この表9の後半部分の⑥から⑩の五つの段階に関して順次コメントをしていく。

さて、表9にしたがえば、査読プロセスの第六段階は、「⑥二回目の査読コメントを書く準備をする」である。いよいよ、書き直された査読論文が戻ってくるというところから、この段階は始まる。

ところで、「査読論文が戻ってくる」ということの部分こそ、あの査読という事象にまとわりつく常在的トラブルである、遅延という事象が発生する場所なのである。その一方で、この遅延こそは、投稿者と査読者の両方が、価値合理的行為を連鎖させながら、コミュニケートしている事象でもある。つまり、「投稿と査読」というものが、社会科学的な探求にふさわしい対象であることを明確に示してくれる事象なのである。

それでは、その議論の第一段階として、基礎的カテゴリー区分を確認しておこう。

まず、査読が戻ってくるタイミングにかんしては、基本的に、「遅延なし」と「遅延あり」の二種類のパターンがある。

おおよそ、査読プロセスが雑誌の刊行プロセスと密接にリンクして

表9　査読プロセスの10段階
（5章と6章で言及する10の項目）

＝査読プロセスの前半（第5章で解説）＝
①打診を受ける
②論文の送付を受ける
③１回目の査読コメントを書く準備をする
④実際に１回目のコメントを書く
⑤再査読用原稿が戻ってくるまで待つ

＝査読プロセスの後半（第6章で解説）＝
⑥２回目の査読コメントを書く準備をする
⑦実際に２回目のコメントを書く
⑧再々査読用原稿が戻ってくるまで待つ
⑨３回目の査読コメントを書く準備をし、実際に書く
⑩査読終了後の連絡を受けて対応をしたり、しなかったりする

（2）価値合理的であることが社会学的であることとパラレルであるという理解は、直接的には藤村正之に、間接的にはM・ウェーバーに依っている。藤村は「人間は目的合理的に行動することもあれば、価値合理的に行動することもある。主に、前者を経済学がとらえ、後者を社会学がとらえると考えられる」と述べているが、この理解はウェーバーに由来するものだと解説している。藤村正之、二〇一四、『考えるヒント―方法としての社会学』弘文堂、一一七頁。

いる場合には、「遅延なし」パターンになる。たとえば、『年報社会学論集』や『現代社会学理論研究』のように年に一回だけ機関誌を刊行する学会の場合には、最初に配布されたスケジュール表にほぼしたがったかたちで、予定どおり、二回目の査読論文本文が送られてくる。なぜなら、これらの雑誌では年度をまたがない、年度内完結型の編集システムが取られており、年に一回の機関誌の刊行時に掲載されていない投稿論文は、すべて「落選投稿論文（まれに、中途辞退投稿論文の場合もある）」となっているからである。編集委員以外の査読者からの審査コメントが戻ってこない場合には、しばしば編集委員が審査を代行することで、期日に間に合わせるようにしている。そのような緊急対応システムがあるため、審査途中の論文が、年度をまたいで残らないのである。そのため、このような雑誌と査読システムでは「遅延なし」パターンとなる[3]。

これに対し、査読プロセスが雑誌の刊行プロセスとゆるやかにしかリンクしていない場合、「遅延あり」パターンとなる。たとえば、『社会学評論』や『保健医療社会学論集』のように年に二回以上機関誌が発行され、編集委員会の手元に、いつでも何本かの査読途中の投稿論文が滞留しているような雑誌の場合、実際には、スケジュール表はあってなきがごとしとなる。たとえば、どうしてそんなに遅延したのか事情はわからないが、一回目の論文の査読コメントを出してから半年以上経って、つぎの回の、改訂された査読対象論文が届いたことがあった。そして、その論文には「今回は、前回の査読から長期間を経ていますが、審査の継続性の観点から続けて査読をお引き受け頂きますようお願い申し上げます」という編集委員会からの手紙文がついていた。筆者自身、かならずしも、つねに査読の締切を厳格に守ることができているわけではないので、もちろん継続査読の要請を受諾したが、この**手紙文にどこか定型文の香りが漂うことからみて、かなり長期の遅延も査読活動においては珍しいことではない、とみることができそうである**。

さて、ここまでは基礎知識の話である。ここまでを前提にしたうえで、遅延に関連して、どのような連鎖的なコミュニケーションが生じているのか、いささか模式図的にはなるが記憶に基づいた探究をしていってみよう。

多くの場合、遅延は、査読者が査読結果を出すタイミングで生じている。[4] けれども、査読者は複数いるのである。とすると、集合体としての「査読者集団」は、「遅延の原因」であるかもしれないが、集合体の要素としての個別の査読者は、「遅延の加害者」であるかもしれないし、「遅延の被害者」であるかもしれない。これが、関係者のコミュニケーションを少々難しいものにしている。

そのうえで、この「遅延関連コミュニケーション」を考える際にさらに**やっかいなのは、「遅延の加害者としての査読者」がしばしば、二名の査読者のうち、投稿者に支援的な方の査読者であることがある、という事実**である。考えてみれば、これは当然のことである。査読論文に対して、その評価をD判定（やA判定）にするような査読者は、指摘するべき内容がほとんどない。したがって、文章を長く書く必要がなく、遅延当事者にはなかなかならないのである。そして、齋藤[5]の結果を参照すれば、『社会学評論』のような投稿が多く集まる媒体では、初回D判定がほぼ半

（3）家族社会学会の機関誌である『家族社会学研究』のように年に二回以上刊行される場合であっても、査読スケジュールがきっちり決まっていることもある。『家族社会学研究』の場合は、東日本査読チームと西日本査読チームが交互に査読をしているからであるし、『社会学評論』の「公募特集」の場合は、公募特集掲載号の刊行スケジュールがあらかじめ決まっているため、査読スケジュールは『年報社会学論集』らと同等のリジッドさで決められ、そのスケジュールに沿った進行がなされている。

（4）投稿者が遅延の原因となる場合もある。私が経験したのは以下の二つのケースであった。第一のケースは、病気を原因として、投稿者の願い出で、改訂された原稿が編集委員会に戻ってくるまでの期間が、何週間か延長されていた。第二のケースは、たしか引っ越しが原因だったと思う。やはり、何週間か延長されていた。しかし、投稿者が遅延の原因となるのは、レアケースである。なぜなら、投稿者が規定に反して締切日時に遅れた場合には、続けて査読を受ける権利を自ら放棄したと見なされるリスクがあり、なかなか申し出ることができないからである。

（5）齋藤圭介、二〇一二、「データからみる『社会学評論』――投稿動向と査読動向を中心に」『社会学評論編集委員会報告書』五一―二六頁。

数出るのに対して、初回A判定はほとんど出ないので、「（D判定でないがゆえに？）遅延したうえで提出された査読コメントと評価」の方が、平均すれば、「遅延せずに提出された査読コメントと評価」よりもランクが高い良いもの（A判定に近いもの、掲載に近いもの）になるのである。

おそらく投稿者のかなりは、このような構造を直観的に把握しているのではないだろうか。というのも、不思議なことに、査読コメント中に含まれることがままある遅延に関しての謝罪フレーズに対して、厳しい反応を返す投稿者はあまりいないからである。

そして、この構図に配慮してのものなのかどうかはわからないが、編集委員会の遅延査読者に対する対応も、厳しいものが少ないように思われるのである。遅延を忌避しつつも、遅延を暗黙裏に許容しているような投稿・査読文化が、ある特殊な審査・評価への期待を伴って成立しているように思われるのである。

しかし遅延の加害者としての査読者に関しては、あと二つ、やっかいな問題が存在している。以下では、それらについて考えていこう。

ひとつ目は、「遅延の加害者としての査読者」であることが、当該査読者が投稿者に支援的に振る舞う方向でのパフォーマンスを生み出す原因になっていることがあるように思われること。そして、ふたつ目は、編集委員会から査読コメントと評価の催促・督促をうけたことが、やはり当該査読者にとって投稿者に支援的に振る舞うパフォーマンスを生み出す原因になっていることがある、らしいことである。

ひとつ目のメカニズムは「迷惑を掛けたお詫びとしてのサービス提供」として理解可能だろう。けれども、ふたつ目のメカニズムは、いったいどういう理路で起きることなのだろうか。推測的な記述になるが、すこし議論を組み立ててみよう。

まず、研究者倫理的には正しい態度ではないかもしれないが、遅延している査読者の中には、以下のような理路でみずからの態度・対応を決めている者がいるようなのである。第一に、若手投稿者の多くは、就職や昇進に査読誌掲載論文が必要な状況である（ので、掲載してあげたほうが良い）。第二に、投稿者の多くは、複数学会に加入しており、当該投稿論文が、最初に投稿した査読誌に掲載が困難であることがわかれば、素早く他の査読誌に投稿先を乗り換えることが理に適っていると考えている（遅延はこのチャンスを失うこととして、ひとつの不利益として観取されることだろう）。第三に、編集委員会からの多くの督促は、単に機械的に日時が来たからなされるというようなものではなく、当該論文の投稿者本人からの照会があったから、というようなきっかけがあったうえで、なされるものであるということを、一定数の査読者は知っている（だから督促の放置の際に、投稿者の振る舞いがどうなるかが気にかかる）。第四に、**一定数の投稿者は、自らが編集委員会に状況を問い合わせた直後に論文がリジェクトされて戻ってくると、自分への嫌がらせではないかと疑う**だろう（タイミングが隣接しているので、嫌がらせではないと思ってもらうことは困難だ）。第五に、第四のように考える投稿者（の一部）が、学会や編集委員会に抗議行動を開始するリスクを考えると、遅延査読者は、自分を守るというよりは、学会や編集委員会をトラブルから守るために、プラス方向に評価できる可能性が少しでもある論文ならば、D判定ではなく、C判定やB判定で査読結果を出した方がよいかもしれないと考えるだろう。あるいは、そのようにすることが、価値合理的に適切であると判断するだろう。

だいたい上記のような理路で、「査読コメントの提出が遅延した論文は、D評価にされにくい」「掲載されない論文は、遅延状態になりにくい」という二つの命題が真になりやすくなっているように思われるのである。

しかも、前述の齋藤論文によれば、この「第二回目の査読」部分が、論文が最終的に当該雑誌に掲載されるのか、されないのか、の分かれ道なのである。というのも、最終的に掲載される論文のほとんどが、第一回目の査読結果については C 判定であることが知られており、第二回目の査読で判定結果がよくなるか、悪くなるかが、掲載か不掲載かの分かれ道だということが、統計的に明らかにされている。つまり、査読の遅延は、掲載を急ぐ投稿者にとっては不利益となる行為であるが、前述のようなメカニズムが働く下では、かならずしも、積極的に忌避や対抗をしなければならない事態ではない、ということがいえそうなのである。

4●遅延以外の諸状況について――査読プロセスの後半を分析する

さて、次いで、第六段階の後半と第七段階「⑦実際に二回目のコメントを書く」を併せて論じていく。

じつは、第一回目の査読では決して起きなくて、第二回目の査読の段階でときどき起きる事態がある。それは、〈複数査読者の査読コメントを投稿者に送付するだけでなく、そのまま、査読者どうしにも送付するシステムを取っている雑誌の場合に起きることだが〉「もう一人の査読者が、自分の査読コメントに言及する」という事態である。その事態が生じる最初のチャンスがこの「第二回目の査読コメントを書く」場面なのである。

言及のパターンとしては、以下の二種類のいずれかである。片方は、「方針の共有に関する意思表明」であり「もう一人の査読者の指摘は重要なのでしっかり踏まえて考え続けるように」というような文面が典型的なものである。もう片方は、「投稿者に選択を迫る選択肢表示」であり「もう一人の査読者の指摘の方向での展開もあり得ないわけではないが、私がお薦めする最終的な論文の形は、もう一人の査読者が誘導する方向とは両立しないので、どちらかを選択する必要がある」というような文面が典型的なものである。

このような「もう一人の査読者への言及」は、「もう一人側からの反応」を呼び起こすことも多い。そうなると、**投稿者と個別査読者のコミュニケーションだけが、「投稿と査読にかかわるコミュニケーションの全て」ではなくなっていく。「査読者間コミュニケーション」と呼べるようなものが、むしろ、大きな比重を占めていく**ことになる。

そういう展開への契機が、この「第二回目の査読コメントを書く段階」にはあるのである。そして、双方がともに、どのように働き掛けるとどのような反応が返ってくるか、と相手の反応について推論をするこの状態は、パーソンズがダブル・コンティンジェンシーと呼んだ状態であり、大変に社会学的な状態なのである。

もし、査読というものを、最小労力提供で済ませるべき義務的なものであると考えたのなら、ここで述べたような

「もう一人の査読者の指摘への言及」は、不確定性ばかりが大きく、端的に必要がない行為、割に合わない行為であるといえよう。しかし、**かなりの数の査読者が、もう一人の査読者への言及をするのである。とすると、そこに働いている判断は価値合理的判断であるといえるのではないだろうか。**たとえば「せっかくの機会なのだから、この機会を利用して、学会に新風を吹き込み、学会を活性化するべきだ」というような価値合理的判断が、当該言及行為の背景にあるともいえるのではないだろうか。

査読プロセスの第八段階は「⑧再々査読用原稿が戻ってくるまで待つ」である。このころになると、当該投稿論文の「投稿者の判断や対応の型」が見えてくる。「査読者からの提案を無抵抗に受け入れて、変幻自在に内容を対応させて変えてくる投稿者」もいれば、「統一的な観点がないバラバラな反論とその反論に基づいた言い訳的説明を、『改訂部分とその理由の別紙』に書いてくるだけで、かたくなに当初構想に固執する投稿者」もいる。このように、**「投稿者の判断や対応の型」が見えてくるタイミングでは、査読コメントの準備の質も、それまでとは違ったもの**にならざるを得ない。つまり、この段階では、当該論文を理解するためや、反論するための文献を集めるような情報収集活動は、もはや、査読者の関心の中心ではなくなる。（論文をよくするためには）どうしても意見を変えてもらう必要がある**中核的な主張部分に関して、強い刺激を与えるような議論のかたちや例示のかたちを出勤途上や退勤途上に考えたり、自分の論文を書きながら、同時に（査読中の論文への）反論メモを構想したりする議論構築活動や表現洗練活動のような知的な活動が準備活動の中心になる**のである。

上記のような準備を積み重ねて待っていると、第九段階である「⑨三回目の査読コメントを書く準備をし、実際に書く」段階がやってくる。経験を積んだ査読者には、各査読者なりの「査読の文体」ができあがっているものなので、書く準備から実際に書いて、校正して提出するまでの流れは、概ねスムーズである。この段階で読解に苦しむことは、普通はない。しかし、ごくまれに、査読コメントの執筆が進まなくなることがある。それは一つには、論文に新しい欠陥が発見された場合である。両査読者の意見を受け入れた論文が、その結果、見通しがよくなって、余分な枝葉がそぎ落とされて、元々あった欠陥を露わにしてしまうことが、しばしばあるのである。たとえば、最初の段階では、端的に立証に失敗していて論理破綻している論文だったのが、**査読コメントを受け入れることで、立証には成功するが、その立証された結果がまったく面白くない、あたりまえのもので価値がない、ということがままある**のである。

　こういう場合は、査読者としても困ってしまう。もし、査読というものが、減点法の世界ならば通すしかないのだが、多くの査読誌は、減点法ではなく加点法を採用している。そうでなければ、知的生産を促すことができないからだ。とすると、結局は、正直に「現状では魅力に欠ける結論しか存在していません」と書くしかない。しかし、このことを上手に書くことはなかなかに難しいのである。遅延について述べた際に、査読者は「投稿者に感じている申し訳なさを、有益なコメントやプラスの評価を出すことで補うことがある」と書いたが、見通し違いが判明した場合にも、査読者は「感じている申し訳なさを、丁寧な誤植指摘や、魅力を増やす方法を多めに助言する[6]ことで補うことがある」といって良いだろう。つまり、**査読者から丁寧な誤植訂正指摘がなされていた場合に、「誤植が多かったんだ」とか「誤植訂正に熱心な査読者なんだ」というような感想を投稿者が持つとしたら、不十分な感想の持ち方である可能性がある**のである。投稿と査読におけるコミュニケーションには、いろいろな要素が複雑に絡み合っているので、書かれていることを、査読者の意図としてだけ解釈しては、外した解釈になってしまう可能性があるのである。相互行為的に考えるべきかもしれないのだ。

　最後に、第一〇段階「⑩査読終了後の連絡を受けて対応をしたり、しなかったりする」の段階がある。現在は、各学術誌とも事務作業がよく組織化されていて、査読を担当した論文が最終的に掲載されたか、されなかったか、される場合には何号の機関誌に掲載される予定なのか等々の連絡が査読者に来ることが多い。その際に、編集委員会への意見を募集している場合もある。筆者は、この意見募集に二度ほど意見を書いて届けたことがあるが、どちらも、一種のクレームであった。そのうちの一件を紹介する。あるとき、民間業者が準備したインターネット上のモニター集団に対し、ネットアンケートをした結果を中心にして書かれている調査系論文があり、その論文の査読を担当したことがあった。心理学ではなく、社会学の論文として提出されてきていたので「ランダム・サンプリングしていない回答者集団に対して、なぜ、検定をして、かつ、検定に基づいた議論をしているのですか。この検定ではどのような母集団が推定されているのですか」と査読コメントを付したが、はかばかしい回答がなかった。当該雑誌は、最終的な掲載の可否を編集委員会が決するシステムだったので、担当査読者としては判定をAにはし難い、と書いて意見具申をした（原則として、最終判定Aだけが掲載されるシステムと規程には書かれていたので、これは掲載に進むのは難しいという査読コメントを付けたということである）。しかし、結果は、年度末になって、掲載が決定してしまっていた。そこで、編集委員会への意見として、投稿者に対してのものとほぼ同文の意見を書いた。そんな事件を起こしたことがある。もちろん、このような行為は、する義務のない行為である。学会員としての義務を果たしたうえで余分なことをしているのだが、その余分さを我々はどう評価したらよいのだろうか。たぶん、ここにも、価値合理的判断が働いているといえよう。編集委員会システムとしても、この最終的な編集委員会への意見の取り扱い方は定まっていないの

（6）論文に「魅力を増やす方法」の助言は難しい。天使が降りてくるのを待てと言われても困るだろう。結局のところ、「研究を最初に企画した時の、わくわくするような知的興奮や関心を思い出」すように促すしかないだろう。安田雪、二〇〇六、「チェックリスト計量論文を書き終えたら」与謝野有紀・栗田宣義ほか編『社会の見方、測り方――計量社会学への招待』勁草書房、三六七―三六九頁。

（7）この部分、「具体的な統計手法の使い方のレベルになると、（中略）社会学、心理学、工学など、それぞれの学の「実践」practiceから考えていかなければならない」（一九七頁）という佐藤俊樹の立場を踏襲している（佐藤俊樹、二〇〇〇、「統計の実践的意味を考える――計量分析のエスノメソッド」佐伯胖・松原望編『実践としての統計学』東京大学出版会、一七九―二一二頁）。つまり、全数調査において検定をしてはいけないと一方的に主張するのではなく、検定が必要だというのならばどういう理路で必要なのか述べる義務が少なくとも社会学論文の著者にはあるという主張をしているのである。このあたりの主張は佐藤の論文の前半（特に一八〇頁から一八二頁）に詳しい。

ではないだろうか。けれども、このようにオープンな意見募集とそれを集約してとにかく編集委員会内でだけは共有するシステムを作り上げて運用するという情熱は、ほとんど研究上の情熱と同等の情熱であるといってよいのではないだろうか。一〇番目の最終場面の状況においても、査読者や編集委員会が最低限の制度維持を志向するのとは違った志向性をもって活動している証拠は多々あるように思われるのである。つまりは、社会的文化的存在としての行為者が相互に投稿や査読という仕事を「シンプルな論文選別掲載過程」以上のなにものかとして作り上げ維持しているようにみえるのである。

以上が、表9掲載の査読プロセスの後半に関しての私のコンメンタールである。

5●まとめ

この第6章は、〈講義編〉のまとめの章として、第1章からの主張の最終的確認の章という位置付けになっている。たしかに「投稿行為と査読行為の背後には、経済合理性でなく価値合理性が働いている」、「したがって、学的探究にふさわしい現象として、価値合理性の背後に存在している文脈ごと、持続的な分析が必要だ」という二つの命題は、かなり曖昧な命題群だ。しかし、論文投稿も査読も、その実体が、社会的文化的現象として、社会科学者の知的関心を惹く程度には十分に複雑なものであること、これは確かなことである。そして、投稿・査読システムの評価をしていこうとする場合には、設計された理想的システムと現実の状態との落差を計ることだけで、当該システムの評価をしてはならないということ。当該システム内では、設計者によって想定されているよりは、たくさんのアクターがたくさんの思惑と狙いをもって相互行為をしているのであって、その相互行為の詳細を把握することなしには、安易な評価はなしえないこと。これら二つのことについては、この〈講義編〉で説得力をもって主張できたと思う。しかし、秘密保持の制約があったとはいえ、分析の解像度が低く、いささか定型的な解析になってしまった点は反省している。

今後、さらに資料やエピソードを博捜し、手に入れることができたならば、解像度を上げた次著を書きたいと思っている。

〈実践編〉

〈実践編〉のためのまえがき

以下は、本書のために新規に書き下ろされた二つの論考から構成される〈実践編〉である。二つの論考の筆者である陳氏と吉村氏は、いずれも『新社会学研究』の「公募特集」に掲載された論文の投稿者であり、したがって両論考は、その投稿者の実体験プロセスを振り返っての記述になっている。

すでに読んで頂いた〈講義編〉との関係でいえば、抽象的には〈講義編〉に記載されているようなものとしてある投稿・査読システムというものが、当事者視点では、どのようなものとして体験されているのか、ということが見て取れる論考群になっているだろう。

また、本書の最後のパートである〈座談会編〉との関係でいえば、〈座談会編〉においても、陳氏と吉村氏は自らの投稿・被査読体験について語っているので）単独の執筆者視点に基づいて書かれた査読体験の振り返りと、その振り返りを集団の中で相互行為的に行う語りとが、どのように同じであったり、違ったものであったりするのか、そういう異同が、見えてくる構成になっている。

編著者としては、読者諸賢には、上述のような論じ方の違いに伴う、「投稿と査読に関する重層的記述」の興味深さを味わって頂きたい、と考えている。なぜなら、この「重層性」のなかに、「投稿と査読」にかかわる「現実」が存在しているからである。

なぜ、我々は「重層的な現実」を重要なものであると考えているのだろうか。それは、査読者側視点からの「学的達成」にのみ「正当性」があるという立場は取っていないからである。査読者からの促しに抵抗したり、従順だったりする投稿者側の「主体性」に、十分な価値を与えなければならない、という立場を我々は取っているからである。たしかに、「投稿者」と「査読者」との間には「権力差」があるが、この「権力差」が見えるような議論の構図を作り上げる必要があると我々は考えているのである。

ちなみに、以下の〈実践編〉と〈座談会編〉を丁寧に読んで頂ければわかるように、投稿者にとっては、被査読体験から受ける衝撃は、簡単に消化するのが困難なほどの衝撃である（可能性がある）。自分の書いた原稿を評価されるということは、自分の過去が評価されることであり、自分の未来が値踏みされることだからだ。低く評価されれば「不当な言いがかりだ」と反発したくなるし、高く評価されれば「褒め殺しだ、買いかぶりだ」と反応したくなるだろう。そのような「バルネラブルな体験（傷つきやすい体験）」としての「査読体験」を、「受け入れ可能な体験／研究者としての自分の位置を発見するために必要な体験」にするだけの学的質が本当に本書には備わっているだろうか。このように困っていたり、傷ついていたりする「投稿者」に対して、〈講義編〉で示される「査読の構図」や、〈座談会編〉において編集同人等から示される「共感」は、本当に「投稿者」に届いて、傷を癒やし得るものになっているのだろうか。いや、そもそも、投稿者は、査読者が促すような論文を書くべきだ、と簡単に主張してよいのだろうか。投稿者に過去（の一部）を捨てさせることや、未来（の一部）を放棄させるような暴力的促しを、学的洗練であるとして強制するのが、投稿・査読の本質なのではないか。そのような人間改造的活動は、研究者が依拠すべき「大きな物語」がなくなったポストモダーン状況においては、「若手研究者の使い捨て（消費）」という意味をも持っているのではないだろうか。読者としても、そのあたりを吟味しながら読んで頂ければ、幸いである。

「投稿と査読をめぐる相互行為」において、「投稿者」は明らかに主要なアクターである。したがって、今後、「論文投稿学」を構築していく際には、とうぜんに「投稿者」の積極的な参与が必須のものとなるであろう。とするならば、当事者性をしっかりと担保し、かつ、その一方で学的分析をも志向した「振り返り」に基づく証拠・証言集めは、「論文投稿学」の発展のために極めて重要な要素になると考えられる。そういう観点から、以下の二本の論考の意義を検討して頂きたい。

具体的には、その「当事者的証言の集め方」として、本書では「初稿原稿の特徴記述↓それに対する査読者コメントの概要記述↓そして、リプライの概要の呈示」というような枠組を準備し、原稿を書いてもらったが、今回採用されているこのような論述の様式で本当によかったかどうかが、吟味されるべきだろう。そのさきにおいて、査読を通してなされる学的誘導に正当性があるかどうか、というもっとも外側の大きな問題も、検討が可能になるように思われる。

樫田美雄・栗田宣義

「査読者との会話」としての投稿 - 査読プロセス

陳怡禎

1 ● はじめに

筆者は二〇一九年一月末に『新社会学研究』第四号の公募特集「メディアとコミュニケーションの社会学」に、「社会運動を語る若者──台湾ひまわり運動・香港雨傘運動を事例に」という題の論文を投稿し、台湾や香港の社会運動空間で実践されたコミュニケーションについて考察した。

当時、所属先の紀要以外の学術誌への投稿経験が浅かったうえ、執筆中の博士論文の方向性もまだはっきりとは見えていなかった筆者にとって、この投稿経験は大きな一歩であった。筆者は、本章を執筆している二〇二二年現在でも、「社会運動や政治のような『公的』な場における『私的』な趣味・文化実践」という問題関心に基づいて研究を行っている。研究の第一段階ともいえるこの論文を投稿してから約三年が経った現在、学術誌への投稿や改稿の実践の一例として、当時実際に投稿した先の論文の初稿や、審査に対応した第二稿の原稿を一部公開してみたい。そのうえで、審査票を通した査読者との紙面上のコミュニケーションや、「投稿 - 査読 - 改稿」の過程における学術論文投稿者としての自問自答を振り返っていきたい。

投稿や改稿の実際を見る前に、筆者の投稿スケジュールを一度振り返ってみよう。『新社会学研究』には、原稿を投稿する前に一度、論文題目、概要、独創的な主張点等を二〇〇〇〜二五〇〇字でまとめてエントリーすることが必須という投稿規定がある。それに従い、筆者は二〇一八年一一月中旬に以下のように事前エントリーした。

概要

この論文の研究目的は、社会運動に参加している若者はいかにして、あらゆるメディアを活用し、占拠された街頭を対話する空間として捉え、繋がりを創出するのかについて考察することである。手がかりとしては、二〇一四年三月に台湾で起きた「ひまわり運動」、九月に香港で起きた「雨傘運動」の運動現場に注目し、その運動空間で実践されるコミュニケーションのかたちについて考察する。「メディア」とは、印刷メディアや放送メディアといったマスメディアだけではなく、人々が身体や物品、イメージを用いて「語る装置」全体を含むものであると考えられるが、本研究では、後者を中心に議論を進める。なかでも、本研究はとりわけそれらの社会運動の担い手である若者たちが、いかに自らの身体を媒介として、社会運動に意味を付与・修正・創出するのかに注目し、検討していきたい。

独創的な主張点

二つの社会運動におけるコミュニケーションの場面について検討することによって、本研究は、以下の二点の議論を示したい。①日常生活や社会運動空間に往来する若者は、自分の身体を媒介として、コミュニケーションを繰り広げることを通して、絶えず社会運動に意味を付与・修正・創出している。さらに、②「家族主義」や「家父長制」という特質がしばしば強調されている東アジア社会における若者たちは、こうしたネットワークからは、平等的・流動的な新しい繋がり＝社会的関係性を創出しようとしている。

エントリーが採択された後のスケジュールは、図1の通りである。次節以降では、初稿の投稿、査読結果・コメント、それに対応しての第二稿の提出という一連の流れを振り返りながら、投稿者としての本音も書き綴っていきたい。

2●投稿-査読-改稿の実際

本節では、査読者から指摘を受けた箇所や、査読者のコメントを抜粋しつつ、初稿の問題点を三つに分けて詳述していく。それぞれの問題点について述べるなかで、「投稿-査読-改稿」の実際の流れを、①「投稿-査読」における部分と、②「査読-改稿」における部分とに分けて、筆者がどのようにこのプロセスに対応したのかを説明していきたい。問題点の詳細については後述するが、初稿の三つの問題点とは、①論文内の**キーワードに対する定義の不在**、②先行研究や研究対象ともに「社会運動」を取り扱っているものの、「社会運動論」と距離を取ろうとしているという、当該研究の**研究分野における位置付けの曖昧さ**、③さらに事例と結論のつながりの説得力を欠くという**論文としての構成手順の妥当性**である。

図1でも示しているように、筆者は二〇一九年の一月末に論文の初稿を投稿したが、査読結果の通知が来たのは二月中旬であった。再提出の締め切りまでの二週間以内に「大幅に改稿しなければならない」という査読結果だった。二週間という時間制限のなか、筆者がどのように対応し、改稿したのかを、改稿後の論文内容ならびに査読者へのリプライ文書の実際の内容を用いて説明していきたい。

問題点❶　キーワードに対する定義の不在

まず、査読者に指摘された一つ目の問題点は、論文のキーワードになるはずであ

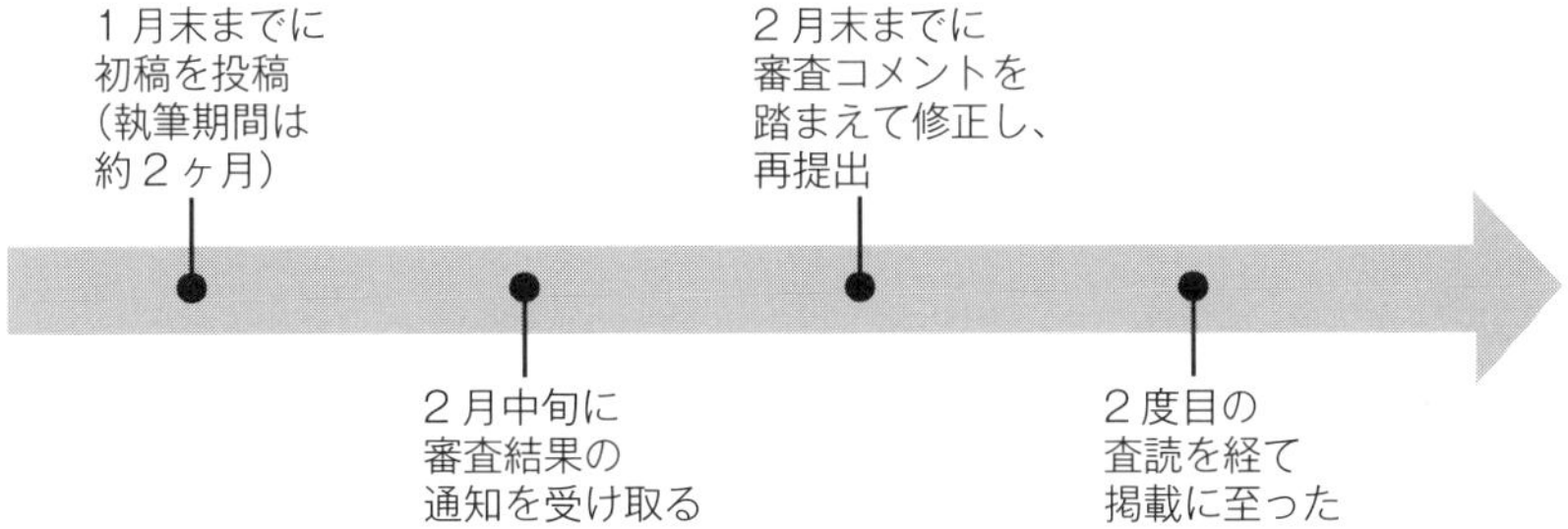

1月末までに
初稿を投稿
(執筆期間は
約2ヶ月)
2月末までに
審査コメントを
踏まえて修正し、
再提出
2月中旬に
審査結果の
通知を受け取る
2度目の
査読を経て
掲載に至った

図1　投稿・査読スケジュール

る言葉に対する定義が不明瞭だという点である。本論文は、社会運動に参加する若者たちが自らの身体、またはモノやイメージを「メディア」として用いてコミュニケーションを行う点に注目しており、なかでも参加者によって創られた「二次創作」という「メディア」を利用していた事例を考察するものである。そのため、「メディア」や「二次創作」は、本論文にとって重要なキーワードになっている。筆者がどのようにこの二つのキーワードを扱っていたのか、初稿やそれに対する査読コメントを参照しながら確認しよう。

• メディア

【初稿原文】

本稿の目的は、現代の社会運動に参加している若者がいかに、メディア*を活用し、社会運動について語り続けているか、さらにその語りを通して繋がりを創出しているかについて考察することである。

＊本稿では、新聞紙やテレビ放送などのマスメディアではなく、人々が身体や物品、イメージを用いて語る装置を「メディア」として議論を進める。

【査読コメント】

〈メディア〉の貴稿での定義を施していますが、その論拠となる文献が必要です。

• 二次創作

【初稿原文】

これらの社会運動は、「社会運動参加者」という単一なアイデンティティを求めるというより、個人、または個々の小さなコミュニティの個性や声を引き出し、混じり合わせる機能を果たしていると言えるだろう。このような多様性が認められる社会運動について、本稿が一例として取り上げて検討するのは、社会運動の担い手である若者が、社会運動の場で日常的趣味、さらに絞って言えば、「二次創作」を実践している場面である。

【査読コメント】

貴稿のキーワードとなる〈二次創作〉についての論述が始まりますが、その冒頭において、二次創作の社会学もしくはメディア論での定義ならびに論拠となる先行研究の提示が必要です。

右記の二つの査読コメントからもわかるように、「メディア」や「二次創作」という論文の中でも重要なキーワードの定義や根拠を、初稿の中で提示しきれなかったことが、査読者が説得力に欠けると判断した一因になったと考えられる。

筆者は、本論文において、台湾や香港の社会運動参加者のあいだのコミュニケーションに焦点を当て、分析を試みた。その際、「メディア」を「人々が身体や物品、イメージを用いて語る装置全体を含むものである」と考え、議論を進めていた。その論拠となる文献を提示していなかったため、筆者が都合良くメディアという言葉を使っていた印象を与えてしまったのだろう。

そのため、第二稿では、筆者は「メディア」に対して、以下のように定義や根拠を補足した。

【改稿原文】

吉見俊哉と水越伸は共著『メディア論』の中で、メディアは単なるテレビや新聞、ラジオなど情報の伝達装置を指すのではないと指摘している。吉見と水越は、「人々の身体からはじまって、私たちを取り囲むあらゆる人工物がメディアとなる潜在的な可能性をもっている[1]」としている。また、吉見は、「メディアとは、私たちの生きる社会的世界の技術論的な次元と意味論的な次元を媒介しながら、このような個別のメディアの布置や編制を可能にしていく、より全体的な構造連関の社会的な場のことを指している[2]」と定義付けしている。本稿でも、新聞紙やテレビ放送といった情報の伝達装置ではなく、人々が身体や物品、イメージなどを用いて語る装置を「メディア」として議論を進める。

また、本論文のなかで、社会運動の参加者は、自らの身体を媒介としてコミュニケーションを実践するだけでなく、様々な「二次創作物」を作り出し、その創作物を通してコミュニケーションを繰り広げていた点にも注目していた。その際、社会運動という場における一種のメディアとして存在していた「二次創作物」に対して、論文のなかでは、かなりの紙幅を割いて事例研究を行った。

しかしながら、前述のとおり、初稿では「二次創作とは何か」を定義せずに議論を進めてしまったという盲点があった。

実は、査読コメントを読むまで、「二次創作」は改めて定義する必要があるものという認識を持っていなかった。筆者の研究領域はカルチュラル・スタディーズやサブカルチャーであるため、普段から「二次創作」を研究対象の一つとして取り扱っており、この用語は誰もが知っている「常用語」だと錯覚していたからだろう。査読者の指摘を受けて、筆者のなかに存在する「当たり前」という感覚をつねに見直し、論文で取り上げるキーワードの説明・解釈・定義を丁寧にすべきだと改めて痛感した。

そこで、以下のように第二稿に定義を補足した。

【改稿原文】

本稿は、主に台湾のひまわり運動や香港の雨傘運動における「日本のマンガやアニメキャラクターを用いて社会運動について語る場面」について考察するものである。そのため、本稿では、二次創作を、「既存のアニメ・マンガなどのキャラクターや設定を援用し、読者によって作られた新たな作品」(3)といった飯塚邦彦の定義を援用する。

前述したが、今回の査読コメントをきっかけに、筆者は論文のキーワードに対して、「当たり前に皆が知っている」という思考を捨て、論拠を用いて丁寧に定義することを心掛けるようになった。このように、言葉を明確に定義することが、論文執筆の中で重要な作業であることを改めて確認したうえで、次項では、論文の位置付けの明確化についても見てみよう。

問題点❷　研究分野における位置付けの曖昧さ

前項では、論文のキーワードの明確化作業について述べてきたが、初稿の二つ目の問題点は、隣接分野の研究に対する研究の位置付けの不明瞭さにあった。

査読コメントを受けた後に、筆者は実際にエントリーした文章の内容を一度再読している。その際、たしかに筆者は「〇〇について考察したい」と問題意識や研究動機を明確に述べていた反面、「△△という枠組みから〇〇について考察したい」と決めることなく、見切り発車で論文を執筆し始めていたことが思い出された。

個人的な執筆スタイルではあるが、筆者はまず「書きたい」や「研究したい」という気持ちを先行させ、パズルの全てのピースを揃えてからはじめて、どのようにはめ込んでいくのかを考える習慣がある。この執筆スタイルは現在でも変わらないのだが、今回検討する初稿では、このような手順によって論文を書いていくうちに、「整理した先行研究の分野」と「筆者自らが目指す方向性」とのズレが出てしまい、本論文の研究分野における位置付けが見えなく

（1）吉見俊哉・水越伸、二〇〇一、「まえがき」吉見俊哉・水越伸『メディア論』放送大学教育振興会、四頁。
（2）吉見俊哉、二〇〇一、「メディアとは何か」前掲『メディア論』一一頁。
（3）飯塚邦彦、二〇一五、「二次創作する読者の系譜――『おたく系雑誌』における二次創作の背景を探る」『成蹊人文研究』（二三）：六三頁。

なるという事態が発生していた。

それを確認するために、以下ではまず初稿の内容や査読コメントを参照しよう。

【初稿原文】

前節までは、台湾や香港の社会運動の参加者を取り巻く社会環境を整理し、「二〇～三〇代の大学以上の学歴を持つ若者」を参加者たちの同質性としてあげてきた。しかしながら、実際、それらの社会運動におけるコミュニケーション場面を観察する際に、参加者の異質性にも注目しなければならない。というのも、本論文は、社会運動論という系譜に位置付けるつもりはないものの、「社会運動参加者の異質性や流動性」に注目する点は、アラン・トゥレーヌやアルベルト・メルッチらが理論化し提唱した、新しい社会運動論が提示した重要な論点を踏まえたものである。

新しい社会運動論の論述範囲について、現代日本の社会運動に焦点を当て研究を行う富永京子は、以下のようにまとめている。

高度消費社会が訪れた「豊かな社会」において、社会運動はそれまで主流であった「生存のための運動」とされる労働運動から、「自己変革のための社会運動」へと形を変えた。だからこそ新しい社会運動論者は、集合的に権利を要求したり制度を変えようとする活動だけでなく、同じような目標を有する人々との議論や学習、生産・消費活動によって自分自身が変わっていくという「自己変革」も社会運動として捉える。(4)

つまり、労働者階級の闘争を主題的に扱う従来の社会運動論と異なり、新しい社会運動論の論述テーマが多様化するようになったといえよう。富永は、こうした新しい社会運動論が提示した知見を踏まえつつも、メルッチ(5)、そしてマクドナルド(6)が提起した、社会運動に参加する「個人」に注目すべきであるという議論の流れを引き継ぎ、社会運動を行う組織に注目するという従来の社会運動に対する研究の仕方と異なる視点を取り入れて、社会運動の参加者の日常生活の局面にも焦点を当てようと試みた。富永は、二〇〇八年に行われた北海道洞爺湖Ｇ８サミット抗議行動への参加者を対象に調査を行ったが、活動家の生活の局面を「出来事（非日常）」と「日常」に区分した。「いずれの社会運動にも、背景にはやはり、個々の活動家が過ごす『日常』を通じた規範や理念が内在し、それが出来事のなかで衝突したり融合したりしている」(7)と指摘し、そのような出来事と日常の相互反映を「社会運動のサブカルチャー化」と名付けている。さらに、富永は、二〇一一年以降、日本で行われる社会運動の担い手である若者の特徴を分析し、彼らは社会運動という組織の同質性に縛られることなく、自分の日常の延長として社会運動を位置付けていることを、以下のように指摘している。

> 社会運動に従事する若者たちは、出来事と日常の間を行ったり来たりすることで、日常で抱いた社会への怒りや疑問を路上でのスピーチに託すこともあれば、社会運動に参加する中で学んだ振る舞いやこだわりを、自らの日常の営みに反映することもあるだろう。(8)

（4）富永京子、二〇一七、『社会運動と若者――日常と出来事を往還する政治』ナカニシヤ出版、二八頁。

（5）Melucchi, Arberto, 1996, "Individual Experience and Global Issues in a Planetary Society," *Social Science Information*, 35(3): 485–509.

（6）MacDonald, Kevin, 1999, ***Struggles for Subjectivity: Identity, Action and Youth Experience***, Cambridge University Press.

――――, 2002, "From Solidarity to Fluidarity: Social Movements beyond 'Collective Identity'-the Case of Globalization Conflicts," *Social Movement Studies*, 1(2): 109–28.

――――, 2004, "Oneself as Another: From Social Movement to Experience Movement," ***Current Sociology***, 52: 575–93.

（7）富永京子、二〇一六、『社会運動のサブカルチャー化――Ｇ８サミット抗議行動の経験分析』せりか書房、二〇頁。

富永が指摘している、「若者が自分の日常の延長として社会運動を位置付けている」という点は、実際に、本研究が事例としてあげている、台湾ひまわり運動や香港雨傘運動の場でも観察できると言える。前節でも概観したように、ひまわり運動や雨傘運動は長期間にわたって特定の街道や広場を占拠して行っている運動である。しかしながら、運動参加者は、必ずしも一日中運動現場に集まるとは限らない。彼らは、仕事の合間を縫って一日のうち数時間だけを用いて、インターネット上で運動現場の状況を確認したり、声援を送ったり、友人と約束して運動現場に足を運んだりしているなど、日常生活のリズムを崩さずに、日常の生活空間と社会運動空間を行き来していると見られる。つまり、台湾や香港の若者たちは、社会運動を特別な出来事というより、自分自身の日常活動の延長線上にあるものだと捉えていると言えるだろう。

【査読コメント】

〈社会運動論という系譜に位置付けるつもりはないものの〉なる記述がありますが、社会運動を扱っていながら、この表現には大きな違和感を覚えます。トゥレーヌ、メルッチ、富永京子などの研究業績に触れている訳ですから、**貴稿もそれらと同様に、社会運動論の一翼を担うことになるはずです。**論述を改めて下さい。

筆者が初稿で「**本論文は、社会運動論という系譜に位置付けるつもりはない**」と断言したことに対して、査読者は、筆者が社会運動を事例として考察を進めており、さらに数々の新しい社会運動論に関する先行文献を挙げつつも、「社会運動論という系譜に位置付けたくない」というスタンスを取っていたことに疑問を呈している。前述したように、筆者の執筆スタイルは、「理論枠組みを最初から決めずに筆を進めていく」タイプのため、研究背景や取り扱う事例（台湾や香港の社会運動）について説明をした後に、直感的に研究対象の事例としての新しさ、すなわち、なぜこれらの社会運動に注目すべきかを主張すべく、「新しい社会運動論」を先行研究として配置していた。それにもかかわらず、筆者は「社会運動論に位置付けたくない」ときっぱり宣言してしまったのである。査読者がそこに違和感を抱いたことは無理もないだろう。

たしかに、筆者は初稿を読み直し、こうした査読者の違和感を理解したつもりではいた。しかしながら、他方でこうした違和感をいかに解消し、かつ査読者による「貴稿もそれらと同様に、社会運動論の一翼を担うことになるはず」という提案にいかに対応すべきか、という点ではすぐに答えが出せず、長い時間をかけて悩んでいた。なぜならば、当時の筆者は、社会運動論という理論枠組みのなかで研究を行うこと自体に抵抗感を抱いていたからだ。

その葛藤はどこからくるものなのか。実のところ、筆者は修士課程以来、「サブカルチャー研究」という領域でアイドルファン研究を行ってきたため、これまでの蓄積を手放したくなかったというのが主因だろう。つまり、筆者にとって、本論文をサブカルチャー研究として位置付けたかった、というのが本音だったのである。しかしながら初稿では、そうした立場をはっきりと示すことができず、ただ「社会運動論ではない」と宣言したことで、消極的に逃げ道を作ったように査読者に受け取られたのだと考えられる。

いうまでもなく、投稿の最終目的は、自分の論文を掲載させることだろう。そのため、査読者の懸念を解消し、高評価を得ることは必要である。もちろん、査読者の提案や要望に合わせて論文の方向性を調整することが最も効率的なやり方だと考えられるが、筆者は改稿期間に何度も「社会運動論になるように修正すること」と「自分自身の目指したい方向性に突き進むこと」とのあいだで葛藤していた。

長考の末、筆者はひとつの折衷案を考えた。ここでは、まず筆者の査読コメントに対するリプライを見てみよう。

【リプライ】

確かに、ご指摘の通りに、本論文は先行研究としてトゥレーヌ、メルッチ、富永京子などの研究を取り上げていますので、

（8）前掲『社会運動と若者』七頁。

本論文は社会運動論ではないと言い切れません。ですが、本論文が目指したい論文の位置付けとして、社会運動論やサブカルチャー研究、両方の系譜を融合し、香港や台湾の社会運動で行われる文化実践について考察することです。そのため、最初に「社会運動論という系譜に位置付けるつもりはないものの」という表現を使いました。完全なる「社会運動論」ではないことも、本文の中に入れたいと考えております。

このリプライ文書から分かるように、筆者は、査読者からの「社会運動論の一翼を担うことになる」という提案を否定せずに、それに応えつつ、「サブカルチャー研究」の視座から考察を進めたいと強調したのである。こうした軸の設定であれば、社会運動論の枠組みにも新しい知見を提供できると解釈してもらえるだろう。

こうして論文の位置付けを明確化した後に、筆者は以下のように改稿した。

【改稿原文】

前節までは、台湾や香港の社会運動への参加者を取り巻く社会環境を整理し、「二〇～三〇代の大学以上の学歴を持つ若者」を参加者たちの同質性としてあげてきた。しかしながら、実際、それらの社会運動におけるコミュニケーション場面を観察する際に、参加者の異質性にも注目しなければならない。以下では、アラン・トゥレーヌやアルベルト・メルッチらが理論化し提唱した、新しい社会運動論が提示する「社会運動参加者の異質性や流動性」という重要な論点に関する先行研究を整理する作業を行いながら、台湾のひまわり運動や香港の雨傘運動の現場に関する記述を見ておく。

労働者階級の闘争を主題的に扱う従来の社会運動論と異なり、新しい社会運動論の論述テーマが多様化するようになっている。富永京子[9]は、こうした新しい社会運動論が提示した知見を踏まえつつも、メルッチ[10]、そしてケビン・マクドナルド[11]が提起した、社会運動に参加する「個人」に注目すべきであるという議論の流れを引き継ぎ、社会運動を行う組織に注目するという従来の社会運動に対する研究の仕方と異なる視点を取り入れて、社会運動の参加者の日常生活の局面にも焦点を当てようと試みた。富永は、二〇〇八年に行われた北海道洞爺湖G8サミット抗議行動への参加者を対象に調査を行ったが、活動家の生活の局面を「出来事（非日常）」と「日常」に区分した。「いずれの社会運動にも、背景にはやはり、個々の活動家が過ごす『日常』を通じた規範や理念が内在し、それが出来事のなかで衝突したり融合したりしている」[12]と指摘し、そのような出来事と日常の相互反映を「社会運動のサブカルチャー化」と名付けている。さらに、富永は、二〇一一年以降、日本で行われる社会運動の担い手である若者の特徴を分析し、彼らは社会運動という組織の同質性に縛られることなく、自分の日常の延長として社会運動を位置付けていることを指摘している。[13]

富永が指摘している若者が自分の日常の延長として社会運動を位置付けているという点は、実際に、本研究が事例としてあげている、台湾ひまわり運動や香港雨傘運動の場でも観察できると言える。前節でも概観したように、ひまわり運動や雨傘運動は長期間にわたって特定の街道や広場を占拠して行っている運動である。しかしながら、運動参加者は、必ずしも一日中運動現場に集まるとは限らない。彼らは、仕事の合間を縫って一日のうち数時間だけを用いて、インターネット上で運動現場の状況を確認したり、声援を送ったり、友人と約束して運動現場に足を運んだりしているなど、日常生活のリズムを崩さずに、日常の生活空間と社会運動空間を行き来していると見られる。つまり、台湾や香港の若者たちは、社会運動を特別な出来事というより、自分自身の日常活動の延長線上にあるものだと捉えていると言えるだろう。

（9）前掲『社会運動のサブカルチャー化』、『社会運動と若者』。
（10）前掲 “Individual Experience and Global Issues in a Planetary Society.”
（11）前掲 *Struggles for Subjectivity*, “From Solidarity to Fluidarity”, “Oneself as Another”.
（12）前掲『社会運動のサブカルチャー化』二〇頁。
（13）前掲『社会運動のサブカルチャー化』。

この改稿において、筆者が意識したのは以下の二点である。一つ目は本論文と社会運動論の接点を示すことである。改稿後の論文は、先行研究として挙げた社会運動論で指摘されていた参加者の「性質」（異質性や流動性、さらに日常性）が、台湾や香港の社会運動でも観察されうることを提示することで、査読者が求めていた「社会運動論の一翼を担うこと」を示そうとしていた。

二つ目は、このような社会運動論で論じられた参加者の「性質」、なかでも、新しい社会運動論に貴重な知見を提供した富永による「社会運動参加者は、社会運動を自らの日常生活の延長線上にあるものとして捉えている」という論述を踏まえつつも、これらの社会運動論に関する論説を研究背景としたうえで、〝あえて〟論文のなかで後景化させたことである。言い換えれば、富永をはじめとする新しい社会運動論のなかで議論されてきたような社会運動の日常性を研究背景として挙げつつも、あくまでも筆者は運動参加者の日常的なコミュニケーションや文化実践を前面に出すことで、それを浮き彫りにさせようとしたのである。

つまり、筆者は改稿箇所を通じて、新しい社会運動論で論じられてきた社会運動空間の日常性（因）と、参加者が社会運動空間のなかで実践する「二次創作」（果）との因果関係に説得力を与えようと試みた。また、その因果関係を示した上で、台湾や香港の社会運動参加者がいかに「二次創作」という日常的趣味を通してコミュニケーションを行い、社会運動に多様な意味を付与していたかを検討し、その考察を新しい研究アプローチとして社会運動論に還元しようと考えたのである。

問題点❸　論文としての構成手順の妥当性

ここまでキーワードの定義や先行研究の整理、そして論文の位置付けをはっきりさせてきたが、最終的に最も苦悩していたのが、査読者からの三つ目の指摘への対応だった。まず、初稿の原文と査読コメントを振り返ってみよう。

【初稿原文】

日本マンガやアニメは、創作物として、社会運動空間で多数展示されている。例えば、香港雨傘運動の参加者が、運動のシンボルとなる「雨傘」をモチーフに大量の作品を創り出していた例がある。運動初期に、警察官が催涙弾を使ってデモに集結した学生たちを排除しようとした。その際に、かよわい学生たちが丸腰になって身近にある雨傘を使って身を守っていた姿が、インターネットやマスメディアを通して映し出され、香港市民に大きな衝撃を与えていた。「雨傘」はすぐさま、政府による非情な弾圧に対する、学生や市民による非暴力的な抵抗の象徴物となり、デモ自体も「雨傘運動 Umbrella Movement」と名付けられるようになった。その後に、運動参加者は広東語の「撐傘」を合図に、黄色い雨傘を運動現場だけではなく、日常生活の中でも身に付けるようになった。日常生活の中で行われる「傘を掲げる」という動作は、運動の支持者としてのアイデンティティを確認し合う合図となっているといえよう。「撐傘」という行為自体が、「雨傘運動の支持者」であることを表明するための象徴となっているゆえに、「傘を掲げる歴史人物、有名人やキャラクターの似顔絵」が大量に創作され始めていた。例えば、『ドラえもん』や『ONE PIECE』など日本でも人気が衰え知らずのマンガキャラクターを「雨傘運動仕様」に変えて注目を集めていた。

（中略）

なぜ雨傘運動では、「日本」のアニメキャラクターの二次創作が大量に流用されるのかについての検討は、今回の議論では割愛するが、それらの社会運動において、日本のアニメキャラクターを始め、たくさんの漫画が創作されていることに、ある戦略性が込められていると考えられるだろう。

（中略）

ここまでの議論を再度整理しておこう。まず、本研究は、台湾や香港の社会運動では、アニメキャラクターの二次創作が盛んであったことを確認した。さらに、一〇代から三〇代の若者を中心とした台湾や香港のひまわり運動や雨傘運動への参加者は、こうしたアニメキャラクターを媒介に、同世代で共有されている記憶や感性を再確認し、一種の集合的アイデンティティを構築し強化する作業を行っていることを明らかにした。

（中略）

本稿は以下の議論を示している。日常生活や社会運動空間を往来する若者は、自分自身の身体を媒介として、日常的趣味を社会運動の場に持ち込んでいる。また、彼らには、社会運動空間で日常的趣味を実践することを手段として、社会運動の政治的な目的を達成しようとする戦略的な側面もあるが、実際に、彼らは自らの日常生活で蓄積してきた好み、価値観やあり方に基づき、社会運動空間のなかでも、細分化された集合的アイデンティティを構築していると言えるだろう。さらに、必ずしも同一な目的を持って社会運動に参加しているとは言えない若者たちが、異なる方向性を持つそれぞれの語りを交換し、それらの社会運動の意味を絶えず付与・修正・創出している。また、ひまわり運動や雨傘運動の担い手である台湾や香港の若者たちは、社会運動空間で多様な語りの場を構築することを通して、多面的、流動的なつながり＝社会的関係性を構築しようとしている。こうした社会的関係性を構築しようとする彼らの意図についての考察は、別稿に譲りたいと思う。

【査読コメント】

〈「日本」のアニメキャラクターの二次創作が大量に流用される理由についての検討は、今回の議論で割愛する〉とありますが、これこそ運動側の二次創作の戦略的利用を考える上で、避けては通れない点だと思います。そして、〈ひまわり運動や雨傘運動への参加者は、こうしたアニメキャラクターを媒介に、同世代で共有されている記憶や感性を再確認し、一種の集合的アイデンティティを構築し強化する作業を行っている〉とありますが、**貴稿では、〈二次創作〉が運動に利用されていること、つまりその紹介もしくは羅列のみに留まっており、〈集合的アイデンティティ〉に繋がる過程を読み取ることが出来ません。先ず、〈集合的アイデンティティ〉を理論的に定義した上で、それを〈構築し強化する作業〉を活動家たちが行った事実と研究上の解釈について、量的指標もしくは質的資料を用いて段階を追って明瞭に示すべきでしょう。**それらに加えて、〈こうした社会的関係性を構築しようとする彼らの意図についての考察は、別稿に譲りたい〉とありますが、これもまた貴稿のサブテーマの一つとなりうる事柄であったように思えます。大幅な改稿を望みます。

このコメントを受けて、筆者は改めて初稿の問題点を以下のように自分なりに整理してみた。

① 〝なぜ〟「日本」のアニメキャラクターの二次創作が大量に流用されるかについて、客観的論証をしない限り、一種の文化現象として考察することの意味が見当たらない。

② 〝なぜ〟社会運動参加者が運動空間における「二次創作」を通してコミュニケーションを行い、そこから「集合的アイデンティティ」を構築し強化することができたのかという一連の過程を、論理的に解明すべきである。

つまり、査読コメントで指摘された通り、初稿では、研究事例を挙げるだけにとどまり、これら二つの〝なぜ〟を解明してこなかった。その考察の手順が不十分であったため、本論文において最も議論したかった「台湾と香港の一〇代から三〇代の運動参加者が『日本』という記号を利用してコミュニケーションを行い、集合的アイデンティティを構築すると同時に、社会運動に意味を付与していた」という点が浮上しにくくなったと言える。

ここでは、査読コメントに対する筆者のリプライを見てから、改稿後の論文を確認してみよう。

【リプライ】

今回の改稿では、大幅に修正いたしました。主な修正点としては、台湾や香港におけるマンガなどの日本コンテンツの流通歴史を概観し、それらの社会的背景となる台湾や香港の若者の受容状況を補足してみました。「アンダーグラウンドでの流通」があったため、若者は日本文化や、日本のコンテンツを対抗的文化として捉えて社会運動に流用したのだと、議論を提起できればと思います。

リプライでも述べたように、筆者は、改稿後の第二稿において、①台湾や香港の社会運動に参加している若者たちは「日本」という記号を利用し、政府や権力者側に対抗する意思を表明しながら、②参加者コミュニティ内部でのコミュニケーションを果たしている、という現象に対し、台湾や香港社会における日本文化の流通という歴史に関連づけて説明を行った。

では、筆者は具体的にどのように改稿したのか。ここでは、初稿と第二稿のそれぞれの章の立て方を比較しながら、第二稿の構成をみてみよう。

表1から明白なとおり、初稿の第三章では、筆者は台湾や香港の社会運動で観察された場面について並列的に紹介していた。しかし、一つの論文に二つの事例を取り上げていたにもかかわらず、「共通して議論できる点」まで辿り着くことはできなかった。

初稿の改善点が明らかになった上で、改稿期間（一週間）と字数制限（二万字）を考慮した結果、筆者は〝第三章全体を査読者が望むとおり「大幅に改稿すること」〟により、既存の事例をできる限り保留しつつ、改稿することとした。具体的には、「『日本』というコードを取り入れる社会運動」と

表1　初稿と第２稿の章立て

初稿	第２稿
1．はじめに	1．はじめに
2．研究背景	2．研究背景
2.１　三月・台湾「ひまわり運動」	2.１　三月・台湾「ひまわり運動」
2.２　九月・香港「雨傘運動」	2.２　九月・香港「雨傘運動」
2.３　運動参加者とは誰か	2.３　運動参加者とは誰か
2.４　運動参加者の異質性・流動性	2.４　運動参加者の異質性・流動性
3．社会運動におけるコミュニケーション場面への検討	3．社会運動におけるコミュニケーション場面への検討
3.１　雨傘運動の場で日常的趣味を実践している場面	3.１　雨傘運動の場で日常的趣味を実践している場面
3.２　ひまわり運動の場で日常的趣味を実践している場面	3.２　ひまわり運動の場で日常的趣味を実践している場面
	3.３「日本」というコードを取り入れる社会運動
4．終わりに	4．終わりに

いう小節を増やし、二つの社会運動の文化実践場面に共通している「日本という記号の利用」という特徴を抽出して、「台湾や香港の社会運動における日本アニメの二次創作の意味」について論理的に解釈することを試みた。

では、実際に、第二稿で筆者がどのように第三章を構成したのかを見てみよう。まず、初稿と同様に、筆者は台湾や香港の社会運動における日本サブカルチャー（本論文の中では主にマンガのキャラクター）利用に関する事例を紹介した。

それぞれの社会運動での事例を分析した後、筆者は「日本」という記号を抽出し、〝なぜ〟台湾や香港の社会運動の担い手である若者たちは、「日本」を用いて①集合的アイデンティティを構築しているのか、また、②抵抗運動を行っているのかについて、以下のように歴史的視座から紐解くことを試みた。

【改稿原文】

ここまでの議論を再度整理しておこう。まず、本研究は、台湾や香港の社会運動では、日本キャラクターの二次創作が盛んであったことを、事例を通して確認した。さらに、一〇代から三〇代の若者を中心とした台湾や香港のひまわり運動や雨傘運動への参加者は、こうしたアニメキャラクターを媒介に、同世代で共有されている記憶や感性を再確認し、集合的アイデンティティを構築し強化する作業を行っていることを明らかにした。

しかしながら、なぜひまわり運動や雨傘運動では、日本キャラクターの二次創作が大量に流用されているのか。字数上の都合で詳しい歴史的考察は割愛するが、以下では、台湾や香港におけるマンガやアニメの流通史を簡単に紹介した上で、政治的に中国を大いに意識しているこれらの二つの社会運動が、「日本」というコードを取り入れていることの意味を紐解いていく。

台湾社会における日本マンガやアニメの流通や浸透について振り返ろうとすれば、五〇年代まで遡ることができるが、台湾における日本マンガの流通について研究している李衣雲(14)の考察によれば、当時の台湾政府による「中国化」「脱日本化」

の政策の下で、日本マンガや、七〇年代に輸入されていたアニメでは、ストーリーや登場人物名から、日本的要素がほとんど取り除かれた。このようなやむを得ない日本のマンガ作品のローカライズ化は、九〇年代まで続いていたが、九〇年代に入ると状況が一変し、日本の匂いがする文化産物はかえって視聴者に歓迎されるようになった。このような日本マンガやアニメの流通過程を見れば、最初は台湾の視聴者は日本マンガやアニメを観ても、それが「海外文化」であることを直接には認知できなかっただろう。しかし、それらを観る過程で、叙述方式や描き方のレベルでは、知らず知らずのうちに日本の様式を受容していたことがわかる。

その一方、日本マンガに強く影響された韓国と台湾に対して、香港では、中国要素が強烈なマンガが普遍的な人気を博した。[15]その後、八〇年代以降に日本マンガの海賊版は、台湾経由で香港に入ってきてブームを巻き起こしたが、香港の読者が独自のマンガ以外のもう一つの選択肢として日本マンガを受け入れていたと考えられる。呉偉民[16]は、こうした香港で人気を博した日本マンガに対し、日本マンガは香港のエンターテイメント事業、中でも映画やドラマの制作に大きな影響をもたらしたが、香港のマンガ家や文化人たちは日本文化を無条件に受容しているのではなく、「日本」というコードを選別し、香港のローカルな文化産物に取り入れている。そのため、日本マンガの広範囲の流通は、香港ローカル文化の成長や進歩に一役を買っていると、指摘している。

台湾や香港での日本マンガやアニメの流通史をここまで概観してきた。このような背景により、日本マンガやアニメは、台湾や香港では六〇年代頃以降に生まれた世代が共有する記憶となったと言えるだろう。さらに言えば、九〇年代以前、台湾社会における「脱日本化」という政策の施行や著作権の整備は、未だに台湾や香港において有効に実行されていなかったため、マンガやアニメ海賊版のアンダーグラウンドでの流通は盛んであった。だからこそ、ひまわり運動や雨傘運動の主な担い手である六〇年代頃以降生まれの若者たちは、日本マンガやアニメを対抗的文化と捉え、社会運動にも取り入れようとしたのだろう。

査読コメントを受け、筆者は右記の内容を第二稿に追記したが、『新社会学研究』の投稿論文に対する字数制限は二万字以内のため、どのように台湾や香港社会における日本マンガやアニメの浸透や流通史について簡潔に説明するか、かなり苦戦していた記憶がある。限られた字数制限の中で、「〝なぜ〟台湾や香港の若者たちは、『日本』を用いて共同性を構築しているのか」を解釈するために、筆者は、若者たちがいかに日本大衆文化の一つであるマンガやアニメを通して、日本文化を深く受容していたか、ということに重点を置くようにした。

さらに、（本章を執筆している現在から当時の第二稿を振り返ってみると、まだ説明する余地が十分にあるが）筆者は、一九九〇年代までの台湾や香港において日本のマンガやアニメがアンダーグラウンドで流通した歴史的背景について言及することで、台湾や香港の若者たちが日本の文化産物を政府や権力者の承認を得ていない、むしろ権力者の意思に反していた裏通り的な文化として捉えていたことに関連付けて、社会運動における「日本サブカルチャー実践」の意味を解明した。

つまり、第二稿において筆者は、台湾や香港における日本サブカルチャーの一環であるマンガやアニメ流通史を整理することによって、①〝なぜ〟日本アニメの二次創作が社会運動に利用されていたか、そして②〝なぜ〟運動参加者は、こうしたアニメキャラクターを媒介として、一種の「集合的アイデンティティ」を構築していたのか、という

（14）李衣雲、二〇〇六、「台湾における『日本』イメージの変化、1945-2003――『哈日』現象の展開について」東京大学大学院人文社会系研究科二〇〇六年度博士論文。
――――、二〇一四、「台湾の漫画審査制度と日本漫画のアンダーグラウンド化展開」ジャクリーヌ・ベルント編『日本マンガと「日本」――海外の諸コミックス文化を下敷きに』京都精華大学国際マンガ研究センター、一三一―一三三頁。
（15）日下みどり、二〇〇四、「香港漫画考」『比較社会文化――九州大学大学院比較社会文化研究科紀要』一〇：一―一四頁。
（16）呉偉民、二〇一五、『日本流行文化與香港――歴史・在地消費・文化想像・互動』商務印書館（香港）有限公司。

二つの〝なぜ〟に対して回答を試みたのである。

3●改稿の限界

ここまで、筆者が査読者の疑問や指摘にできる限り対応した経緯を明かしてきたが、実は、一つだけ対応しきれていなかった箇所がある。以下では、筆者の「対応しなかった（できなかった）事例」を紹介していきたい。

初稿において、筆者は台湾や香港の社会運動参加者によるコミュニケーション場面を検討し、それらの社会運動の担い手である若者たちが、社会運動の場で自らの趣味関心に基づく「二次創作」を用いて社会運動についてそれぞれ語っていたことを論じた。それらの多様な語りが交錯していたからこそ、社会運動の意味が絶えず生成し続けていたと論じたのである。さらに、筆者は若者たちがこれらの社会運動空間において語りを共有し、交換することによって、より多面的、流動的な関係性を構築していくのではないかと考えて、以下のように論文を締めくくった（より詳しい内容は一〇八頁を参照）。

【初稿原文】

ひまわり運動や雨傘運動の担い手である台湾や香港の若者たちは、社会運動空間で多様な語りの場を構築することを通して、多面的、流動的なつながり＝社会的関係性を構築しようとしているのだろう。こうした社会的関係性を構築しようとする彼らの意図についての考察は、別稿に譲りたいと思う。

この論文の結びに対し、査読者は、社会運動の参加者たちによる関係性構築の意図についての考察は、この論文の「サブテーマの一つとなりうる事柄」と指摘し、筆者が意図的に残していた「研究上の今後の課題」をこの論文の中に完結させるようにと促した。この査読者のコメントに対し、筆者は以下のように結論を改稿した。

【改稿原文】

本論文は、日常性を帯びるひまわり運動や雨傘運動の運動現場に生まれた、若者たちによるコミュニケーション場面について検討した。具体的に、本論文は以下の議論を示している。日常生活や社会運動空間を往来する若者は、自分自身の身体を媒介として、日常的趣味を社会運動の場に持ち込んでいる。また、彼らには、社会運動空間で日常的趣味を実践することを手段として、社会運動の政治的な目的を達成しようとする戦略的な側面もあるが、実際に、彼らは自らの日常生活で蓄積してきた好み、価値観やあり方に基づき、社会運動空間のなかでも、細分化された集合的アイデンティティを構築していると言えるだろう。また、ひまわり運動や雨傘運動の担い手である台湾や香港の若者たちは、「日本」というコードを反逆的シンボルとして捉え、日本のキャラクターを用いて社会運動を語っているとも考えられる。

必ずしも同一な目的を持って社会運動に参加しているとは言えない若者たちは、異なる方向性を持つそれぞれの語りを交換し、それらの社会運動の意味を絶えず付与・修正・創出していると言えるだろう。

第二稿の結論からもわかるように、筆者はこれまでの議論を整理し、論文の重点を「社会運動参加者たちが個々の日常的趣味を運動の場でも実践し、さらにその趣味を共有・交換することを通して、社会運動に意味を付与する」という一点に絞り、「今後の課題」をあえて避けて語らないようにした。ここで改めて断りたいのは、筆者は決して査読コメントを無視するつもりではなかったということである。多くの論文執筆者は、「論文のダイエットがなかなか上手く行かない」という苦しい思いをした経験が少なからずあるだろう。実は筆者は、今でも論文を執筆するたびに「論文の本論パートで書きすぎたため、結論パートに残された字数はほんのわずかしかない」という状況に苦悩している。その字数制限を考慮し、この改稿では、限られた紙幅に「社会運動の参加者が多様なつながりを構築する意図」についての考察を盛り込むのは難しいのではないかと判断した。今回の論考で明らかにしたことをまとめることで結論とし、今後の課題をあえて明示しないようにしたのである。

もちろん、論文を掲載させることを最終目標とする筆者にとって、「しっかり全ての指摘に対応しないと査読者に納得してもらえないのではないか」という不安がなかったわけではない。しかしながら、論文投稿時点での自分の限界をしっかりと認識した上で、「対応すべきこと」「対応できること」「残念ながら現時点では対応できないが、念頭に入れて別の原稿に活かすこと」を見極めて、限られた改稿期間の中で対応の優先順位を付けることも、一つのやり方ではないだろうか。

4●査読者との会話を振り返る――最終稿を書き終えた感想

最後に、筆者の「投稿‐査読‐改稿」という一連の過程のなかでの査読者とのコミュニケーション、そして自問自答を投稿者の立場から再度振り返ってみたい。

本章の冒頭でも述べたが、『新社会学研究』の投稿規定上、論文を投稿する前に、概要をエントリーし、投稿資格を得る必要がある。編集委員会にとって魅力的で、学術論文として成立し、かつ公募特集のテーマに適するような概要でエントリーできない限り、採択されないだろう。そのため、論文執筆の前段階では、投稿者である筆者にとって、編集委員会を意識した語り（＝概要説明）を行う必要があると認識していた。査読者の存在は、まだぼんやりとしたものでしかなかったのである。従って、この時点では、筆者は、主に「論文の目新しさ」や、自分の思う論文の「売りポイント」をひたすら前面にアピールし、独創性を強調していた。

しかしながら、初稿に対する査読コメントが返された時から、状況が一変した。査読コメントに対して改稿を進めるなかで、「納得させる対象」は、明らかに「査読者」へと移っていった。また、その際に筆者と査読者とのあいだで行われたコミュニケーションは、エントリー段階においての「編集委員会に向けてのプレゼンテーション」から、「合意を目指した『会話』」へと転換していった。この際に、前節の最後にも述べたように、筆者は、自分の思う「売りポイント」を押し出すのではなく、査読者から求められたことを踏まえた上で、自分の限界を査読者に理解してもらうように「交渉」を行った。

「合意を目指した『会話』」とは何か。精神科医の斎藤環が、「会話」や「対話」の概念の違いについて、前者は議論や説得、アドバイスなど、合意を目指して結論を出すことを指しているのに対し、後者は、そうした目的を持たずに、ただ言葉を交わすことを指していると述べている。[17]「投稿‐査読‐改稿」という一連のプロセスは、査読者と投稿者が語り合いを通して、望まれる論文（査読者側）と目指す論文（投稿者側）の交差する瞬間を互いに探る相互行為だと言える。そのため、この段階での査読者と投稿者のあいだのコミュニケーションは、互いに納得させ、論文に対する考えの合致点を目指す「会話」だと言えるだろう。

しかしながら、『新社会学研究』に限らず、ほとんどの学術雑誌において、論文の査読コメントやそれに対するリプライは基本的に書面で行われているため、査読者と投稿者のあいだで行われるのは、即時的な会話ではない。『新社会学研究』第二号連載「論文投稿と査読のホントのところ②」において、査読ア太郎が査読プロセスについて、「場面ごとに、相互に相手の期待のありかを探針しながら、自らの期待を呈示して、その呈示が相手に与える効果を吟味しながら、先方からの次の期待の呈示をまって、それに対応する」[18]と指摘したように、論文の投稿者は、常に査読者の真意を探ったり、その場その場のフィードバックを待ってから反応したりしながら、改稿を行っていると

（17）斎藤環、二〇二〇、「コロナの向こう側で（2）〝会話〟よりも〝対話〟を 斎藤環さん」ＮＨＫ福祉情報サイトハートネット（二〇二一年三月二三日取得、https://www.nhk.or.jp/heart-net/article/365/）。

言える。

また、「相手の期待のありかを探針する」という行為は、当時まだ投稿経験が浅かった筆者にとって、特に重要な実践だったといえる。なぜなら、若手研究者である筆者は、査読者を「正体が見えない威信のある存在」として認識していたからである。そのため、筆者は改稿段階では、常に「どのくらい改稿すれば査読者に受け入れられるか」と予測しながら改稿していた。つまり、改稿段階において筆者は、査読者との「合意を目指した会話」を遂行するため、査読コメントを一度自分なりに解釈するという「自問自答」の過程を経て、「どうすれば査読者の要望に近づけられるのか」を模索しつつ、自分自身も納得できる論文を仕上げていった。

筆者が再提出した論文の第二稿は、無事にA評価となり掲載に至ったが、第二稿に対し、査読者からは、「前回のコメントを真摯かつ忠実に承けて大幅に改稿して下さり、誠にありがとうございました」とのコメントが寄せられた。すなわち、筆者は査読コメントを解読し、査読者の期待に沿って原稿を改めることができたといえる。査読ア太郎は、昨今の査読誌への投稿を、「海図なき海での航海」[19]と形容した。今回の改稿で筆者は、「海図なき海での航海」の途中に、査読者が設置してくれた査読コメントという名の灯台に従って、論文の「舵」を取り、論文掲載への最短ルートを見つけたと言えるだろう。

ここまで、自分の投稿や改稿の具体的な過程を一例として紹介し、論文投稿者としての本音も明かしてきたが、本稿は決して「方法論」の視座から論文投稿について議論するものではない。一投稿者が経験した「偶然巡り会えた査読者とのあいだに行われた学術的会話」を、より多くの若手研究者と共有することで、査読者との「会話」を促せたら幸いである。

(18) 査読ア太郎、二〇一七、「論文投稿と査読のホントのところ②――『海図なき海での航海』としての査読誌への投稿」『新社会学研究』(二):九八頁。

(19) 査読ア太郎によれば、投稿者は実際に投稿する際に、論文のどのような部分が注目されるのか、またどのような部分が評価されるのかについての情報がほとんど提供されていないため、その場その場で対応しなければならないという側面がある。

査読を通して変化した当事者研究のパースペクティヴ

吉村さやか

1●はじめに

二〇一五年九月、早稲田大学戸山キャンパスで開催された日本社会学会第八八回大会の会場で手にした黄色いチラシが、当時未刊だった『新社会学研究』の存在を知ったきっかけだった。チラシには、新雑誌刊行のお知らせと論文募集の情報が記載され、そこにあった「生きづらさ」という文字に、私はハッと目を引かれた。同年、『社会学評論』の公募特集「現代社会と生きづらさ」にエントリーしたが、不採用の結果通知を受けていたからである。私の訴える「曖昧な生きづらさ」(1)は認めてもらえないのだと、意気消沈していた。

だが言うまでもなく、エントリーが通らなかった最も大きな要因は、投稿者としての私の未熟さである。当時は、調査を始めて四年が経過しつつも、査読論文をようやく一本通したばかりの頃だった。調査を通して収集した膨大な音声データを手にしながら、それをいかに社会学論文としてまとめることができるのか、その技量がなく、四苦八苦

(1)草柳千早、二〇〇四、『「曖昧な生きづらさ」と社会——クレイム申し立ての社会学』世界思想社。

していた。同時にその頃の私は、自分の問題関心に近い社会学の本にしか触れておらず、結果、社会学と社会運動を同一視するという偏ったものの見方をしていた。したがって、これまで不可視化されてきた髪のない女性たちの「声」に焦点を当て、それを文字に起こし、世に送り出すことそれ自体に大きな意義を見出していた。さらにジェンダーの視点から、彼女たちの問題経験を社会問題化した論文を書きたいとも強く思っていた。いま思い返せば、それこそが当事者研究を行う私の「使命」とさえ感じていたと思う。当時の私が抱いていたこのような「気概」ともよべる思いは、第一号の公募特集「生きづらさとはいったい何なのか」のエントリーシートに書いた研究の目的にも確認することができるだろう。

【エントリーシート】

本稿の目的は、髪を喪失した女性たちの抱える「生きづらさ」が問題化されにくい背景をジェンダーの視点から明らかにすることである。

編集委員会から採用の結果通知が届いたのは、早、その五日後で、涙して喜んだことは一生忘れない。しかし以降で詳述するように、完成した原稿は、エントリー時に構想していたものとは大きく異なる内容だった。それはなぜか、以降の議論を先取りすれば、『新社会学研究』における投稿経験を通して、当事者研究を行う私自身のパースペクティヴが大きく変化したことによる。以下本稿では、吉村[2]の完成に至る査読・修正プロセスをふり返りながら、この変化について具体的に述べていくことにしたい。

2●査読・修正プロセスの概要

はじめに、査読・修正プロセスの概要について述べておく。エントリーシートを提出したのは二〇一五年一〇月三一日、完成稿を提出したのは二〇一六年八月四日で、その間に四回の査読・修正がなされた。エントリーから完成稿提出に至るまでの具体的なスケジュールは、表1に示したとおりである。査読結果は、C↓B↓B↓Aと推移した。

なお本稿の執筆にあたり、原稿内容の変化をより具体的に把握することを目的に、五つの元原稿の内容を比較検討し、その結果を表2にまとめた。表内、グレーで色付けしている箇所は、前原稿からの増減を示している。

以降では、査読・修正のプロセスを通して生成された元原稿、査読コメント、リプライを分析の対象として、原稿内容が具体的にどのように変化したかを検討していく。まず次節では、初稿の問題点を確認したい。

（2）吉村さやか、二〇一六、「『カツラ』から『ウィッグ』へ――パッシングの意味転換によって解消される『生きづらさ』」『新社会学研究』（一）：一一九―一三六頁。

表1　エントリーから校了に至るまで

2015年10月31日	エントリーシート提出
2015年11月　5日	エントリー採用結果通知
2016年　1月31日	初稿提出
2016年　2月16日	1回目査読結果・コメント通知（C）
2016年　4月　3日	2稿・1回目リプライ提出
2016年　4月21日	2回目査読結果・コメント通知（B）
2016年　5月14日	3稿・2回目リプライ提出
2016年　6月18日	3回目査読結果・コメント通知（B）
2016年　7月　6日	4稿・3回目リプライ提出
2016年　7月13日	4回目査読結果・コメント通知（A）
2016年　7月20日	最終稿・4回目リプライ提出
2016年　8月　4日	完成稿提出

表２　５つの原稿の加筆修正の推移の概要

稿／修正回（総文字数）	初稿（20,146）	修正１（−3,088）	２稿（17,058）	修正２（−228）	３稿（16,830）	修正３（−547）	４稿（16,283）	修正４（+369）	最終稿（16,652）
１章:行数（文字数）	18（1,482）	+7（+603）	25（2,085）	−3（−188）	22（1,897）	+1（+70）	23（1,967）	−2（−23）	21（1,944）
２章:行数（文字数）	138（10,483）	−40（−4,229）	98（6,254）	+19（+14）	117（6,268）	−19（−1,079）	98（5,189）	+1（+391）	99（5,580）
事例数 TS 数 （文字数）	5 23 （4,189）	−2 −6 （−564）	3 17 （3,625）	−1 −5 （−346）	2 12 （3,279）	0 0 （+7）	2 12 （3,286）	0 0 （0）	2 12 （3,286）
３章:行数（文字数）	22（2,036）	+1（+98）	23（2,134）	+7（+165）	30（2,299）	+1（+129）	31（2,428）	−1（−90）	30（2,338）
４章:行数（文字数）	8（698）	0（+6）	8（704）	−3（−274）	5（430）	−2（−93）	3（337）	+1（+97）	4（434）
注の数（文字数）	1（125）	+9（+892）	10（1,017）	−2（+71）	8（1,088）	−2（+346）	6（1,434）	0（+13）	6（1,447）
文献数（文字数）	14（1,133）	+2（+106）	16（1,239）	+1（+330）	17（1,569）	+1（+73）	18（1,642）	0（−19）	18（1,623）

3●初稿の問題点――「研究の前提条件の部分での『良さ』」しかない

　原稿内容について記述する前に、完成稿に至るまでに寄せられた四つの査読コメントの特徴について述べておく。査読コメントは「全体的総評」と「各論」で構成され、平均文字数は五〇〇〇字といずれもボリュームがあった。なかには、査読者によってオリジナルに作成された図表が含まれているなど、いずれも極めて丁寧な記述であったことは特筆に値する。

　さらに付言すべきは、査読コメントにはいずれも、原稿内容の「よい」部分を褒める文章が必ず含まれていたことである。例えば、一回目査読コメントの冒頭部分は以下のようであった。

【査読コメント（一回目）】

＝総評＝

（1）インタビューに自由自在感があって、そこはとてもよいです。この、相手の胸襟を開かせている感じは、質的研究として、好ましいものですし、そのざっくばらんに聞き出したインタビュー結果が（おおむね）過不足なくまとめられている部分も、練達の士という感じがして、悪くはないです（下線筆者、以下同）。

以降の引用に確認されたいが、査読コメントには原稿内容に対する鋭い指摘が多分に含まれており、コメントを読み直すたびに私の心は何度も折れ、もう書けないと机に突っ伏していた。そのような私の手を動かす原動力となったのは、なによりも、査読者からのお褒めの言葉であったことは強調しておきたい。

しかし以下のコメントに確認されるように、一回目の査読で褒められたのは、「研究の前提条件の部分での『良さ』だけで、それ以外は、ほぼ修正の対象であった。

【査読コメント（一回目）】

（2）しかし、これらのことは、研究の前提条件の部分での「良さ」にすぎません。研究の意義を最終的に決めるのは「知的生産性」ですが、本投稿論文は、全体として、この最重要の「知的な生産性」への志向性が不足していて、せっかくの基礎的研究能力の高さや、研究テーマの面白さ等の好条件が、最終成果に結びついていません。「知的生産性を高めること」への「意欲の低さ」が、「おざなりな分析」と「決めつけ的結論」を導いてしまっているように思われます。あるいは、「分析結果と本論文の意義は、読者自身で読み取るように」という「無責任さ」につながっているように思われます。

こうした「おざなりな分析」と「決めつけ的結論」につながる「無責任さ」の理由として査読者が注意喚起してきたのが、「当事者研究者」であることの危険性である。査読者によると、何通りもありうるデータの解釈を絞り込んでいく作業こそが論文執筆の最重要プロセスであるが、「当事者であること」は、そのプロセスの促進要因にもなりうる一方、「当事者である私が納得する解釈」という短絡に陥るリスクをともなっている。その結果、最重要タームであるはずのジェンダーとの関連が論述的裏づけを与えられていないのではないか。

以上の指摘のうえで、査読者からは、前半のデータ提示部分に紙幅を費やし、後半の議論が軽く扱われているから、そのバランスを回復するよう提案があった（一回目の査読コメントより）。

先述のとおり、初稿執筆時の私は、「女性に髪がないこと」はタブー視されやすく、「彼女たち〔髪のない女性たち〕はカツラを身にまとい、息を殺して生きている」[3]、という状況を「問題」と認識し、そうした社会的状況の改善につながるような論文を書きたい、そのために、一人でも多くの当事者女性の声を、論文を通して世に送り届けたいと思っていた。したがって初稿では、五つの事例が検討の対象とされ、それぞれの発症以降の経験を丁寧に記述することに、原稿の半分以上（約一万字）が割かれていた（表2）。

しかしながら、エントリー以降一貫して、私がこの投稿論文で事例の検討を行いたいと焦点化し続けていたのは、「かつらを着用すれば何も問題がない」と語り、他者に打ち明ける必要性を感じていない女性たちであった。なぜなら、当該女性の多くはかつらを着用しており、外見上は「何も問題ない」身体状態で、それが彼女たちにとっては、「ふつうの女性」として生きるための対処戦略となっている一方、かつらの着用以後に新たな問題が生じていたからである[4]。

初稿の「問題の所在」では、パッシングにともなうこれらの経験が強調して述べられ、続けて、検討の対象とする事例の特徴と研究の目的が、以下のように記述されていた。


【初稿原文】

その一方で、「かつらを着用すれば何も問題がない」と語り、他者に打ち明ける必要性さえ感じていない女性たちがいる。彼女たちは「息を殺して生きている」と表現できるような「生きづらさ」を語らない。

本稿では事例の検討を通して、まず彼女たちがこれまでに直面してきた問題経験を整理する。それをふまえて、それらの経験を「問題」として語らないのはなぜなのかを考察し、当該女性の抱える「生きづらさ」が問題化されにくい背景をジェンダーの視点から明らかにしたい。

このように初稿では、パッシングによる「問題」的な経験が、物理的には生じているはずなのに、当事者の女性たちの多くが「それらの経験を『問題』として語らないのはなぜなのか」（初稿〜二稿より）を、事例の検討を通して明らかにすることを目的としていた。それが結果的にこの「問い」は、「彼女たちはどのようにして、パッシング以後の問題に対処しているのだろうか」（三稿〜最終稿より）へと変化した。

つまり以降の議論を先取りすると、査読・修正のプロセスを通して、論文の「問い」が修正されたことにより、最終稿は生成されたのである。そしてこの修正がなされた背景には、冒頭ですでに述べたように、当事者研究を行う私自身のパースペクティヴが変化したことがあった。それでは、このような変化を促した査読者からの指摘とは、どのようなものだったのか。以降ではこの点について、具体的にみていきたい。

（3）石井政之、二〇〇一、『迷いの体――ボディイメージの揺らぎと生きる』三輪書店、一一〇頁。

（4）具体的には、隠し事をしているという「負い目」や精神的負担、かつらを長時間着用することによる身体的苦痛、二、三年に一度買い替えが必要なかつらの経済的負担、かつらの着用に対する嘲笑やいじめによる就学や勤続の困難、活動制約などである（吉村さやか、二〇一八、「髪の毛がない女性たちの『生きづらさ』――脱毛症当事者の問題経験の語りから」『皮膚と美容』五〇（一）：七―一二頁）。

4●最終稿の生成を導いた査読コメント

❶先行研究の位置付けに関して

第一は、先行研究に対する判断が曖昧だという指摘である。具体的には、先行研究として言及している西倉[5]における「後発的問題経験」について、「パッシングという対処法をとっている限り必然的に帰結される」という議論を受け入れているのか、疑義あるものとして反論する対象なのかが曖昧だから、先行研究を「紹介したあと、自らの判断を添えて、論文の中で使っていく」ことを求められた（一回目の査読コメントより）。

さらに、査読者は先の指摘に続けて、「判断すべきポイントは、二つあります」と次のコメントを寄せてくれた。

【査読コメント（一回目）】

判断すべきポイントは、二つあります。一つは、「パッシング」とは何か、という点です。それは、「負い目」を必然的に伴うものなのか、という点が問題になります。パッシングは、標準的にいって「いろいろやって、期待されたとおりに、それらしく振る舞う」という活動のことですが、この「パッシング」については、ゴフマン流の「演劇的隠蔽的パッシング」理解のほかに、ガーフィンケル流の「当たり前であることを当たり前に生きるパッシング」理解があります（ガーフィンケルの「アグネス論文」における、ペニスを持った女性である「アグネス」の「女性であることをいきる」パッシングが、この後者の典型例です）。つまり、パッシングに「負い目」が必然的に伴うものかどうか、精密に議論する必要があります。

もう一つは、パッシングが「息を殺して生きる」ということにつながっていくものなのか、という点です。「化粧」や「ウィッグ着用」というパッシングは、「息を殺して生きる」という状態をうまないものなのではないでしょうか。このあたりの、西倉の議論への分析・評価が書かれないと、「かつらを着用すれば何も問題がない」（二頁）女性たちをうまく位置付けることができないのではないでしょうか。

このコメントで端的に指摘されているように、加筆修正作業において私が一番頭を悩ませたのが、「かつらを着用すれば何も問題がない」と語る女性たちをうまく位置付けられないことだった。その背景には、初稿執筆当時の私が、ゴフマン流の「演劇的隠蔽的パッシング」しか認識しておらず、パッシングとは「息を殺して生きる」ということにつながっていくものであるという、限られたものの見方をしていたことがある。

それがこのコメントを通して、ガーフィンケル流の「当たり前であることを当たり前に生きるパッシング」理解の存在を知った。そのことを通して、「パッシング」とは何か、パッシングが「息を殺して生きる」ということにつながっていくものなのかについて考える重要性に、私はようやく気づかされたのである。

だが、この修正作業には時間を要したうえ、二回目の査読では、先行研究の評価、つまり、「パッシングによって後発的問題経験が必然的に帰結する」[6]と、違う主張を展開するのかを問い直されることとなった。この点を解決するために査読者から提案されたのが、以下の「二つの対策」であった。

ひとつは、本稿の「後発的問題経験」は、西倉[7]のいう「後発的問題経験」とは違うと主張する「簡易的な対策」である。もうひとつの「本格的な対策」は、最近の社会学においては、スティグマやパッシングといった概念は、「役割論的な見方から相互行為論的な見方」に変化してきているという認識に立った修正の提案である。

(5) 西倉実季、二〇〇九、『顔にあざのある女性たち――「問題経験の語り」の社会学』生活書院。
(6) 前掲『顔にあざのある女性たち』一一七〇頁。
(7) 前掲『顔にあざのある女性たち』。

【査読コメント（二回目）】

つまり、スティグマの持ち主は、一方的に、「スティグマの持ち主として、まなざされている」（これが、役割論的な見方）だけでなく、いろんな生き方を工夫することで、たとえば、病気を隠すためのカツラではなく、おしゃれのためのカツラよ、と自己提示をすることで、「スティグマの持ち主としてまなざされないように、相互行為を組み立て直す方向でのパッシングを行いつつ生きている」（これが相互行為論的な見方）と考えるような立場に変わってきているのではないでしょうか。（中略）

「スティグマ」を、一方的に、押しつけられるものとしてだけ扱うのではなく、自らの被烙印性をみとめつつも、その意味をプラスに転化するような対応も可能なものとして扱っている。（中略）

つまり、「スティグマ」概念を相互行為化し、まなざされる側が、まなざされる際の、まなざされるあり方の全体を変えよう、という動きが実際にあり、それが社会学のなかで一定の理解を得た内容になっているのだから、そういう立論を無視するのをやめよう、と提案しているのです。同じような議論は「パッシング」についても成り立ちます。当然「パッシング」も、たんなる「やり過ごし」として「受け身のパッシング」としてなされるだけではなく、まなざされる際の、まなざされ方を変えるようなパッシングもある、という社会学が成立することになります。そういう、現代社会学の理論の展開を踏まえて、そういう文脈のなかで西倉を再評価して、本稿の基盤とする、という手もあるのではないでしょうか。

「簡易的な対策」をとれれば、修正は簡単であった。しかしこれまでくり返し述べてきたように、当時の私は、髪がないことへの対処の過程、すなわちパッシングによって生じるさまざまな経験を「問題」と認識していた。そのため、それらが西倉の「後発的問題経験」と具体的にどう違うのか説明できず、「簡易的な対策」を採用することができなかった。

おそらく査読者は、この点を見抜いたうえで、「後発的問題経験」という議論の組み立て方を問い直し、スティグマやパッシング概念をめぐる現代社会学の理論的展開を踏まえたうえで、「知的生産性を高める」修正を提案してきたのだろう。このような査読者からのコメントを踏まえて、二回目以降の修正作業で「本格的な対策」がなされたことは、結果的に、最終稿の生成を導いた。

さらに、いまふりかえってこそ気づかされることではあるが、このコメントにはすでに、完成稿が生成されるうえで極めて重要となった、「かつらを着用すれば何も問題がない」と語り、パッシングによる「生きづらさ」を語らない女性たちを捉える分析視角も提示されていた。それはすなわち、「スティグマの持ち主は、一方的に、『スティグマの持ち主として、まなざされている』（これが、役割論的な見方）だけでなく、いろんな生き方を工夫することで、たとえば、病気を隠すためのカツラではなく、おしゃれのためのカツラよ、と自己提示をすることで、『スティグマの持ち主としてまなざされないように、相互行為を組み立て直す方向でのパッシングを行いつつ生きている』（これが相互行為論的な見方）と考える」、である。

「役割論的な見方から相互行為論的な見方」へと私自身のものの見方を変えるにも時間を要したのだが、ここでも査読者からのコメントが大いに役立ったという経緯がある。それが、以降で取り上げる二点に関する指摘であった。

❷論文デザインに関して

ひとつは、論文デザインに関する指摘である。具体的には、考察パートについて、「仮説への事例のあてはめ、ではなく、仮説そのものの吟味が必要ではないか」と、次のように指摘された。

【査読コメント（一回目）】

「3．1　パッシング以後の『生きづらさ』」についていえば、総論でも書いたように「パッシング」概念の再検討や、ゴフマンの主張の批判的吟味がなされてもよかったのではないでしょうか（パッシングが自動的に、後ろめたさ、をもたらすものならば、第1節から描かれている「何も問題がない」と感じている女性たちの理解や位置付けは困難になるはずなので、どうしても、ゴフマンの主張の相対化は必要なように思われました。また、一五頁下一〇行目の下記の記述からも、ゴフマン的演劇的・隠蔽的パッシングとは違うパッシングが、問題を生み出しているように見えました）。

「彼女たちにとってかつらの着用は、『髪がない』という事実の隠蔽だけにとどまらず、『**ふつう**』の『**女性**』の**実践**としてとらえられている」（＝強調は引用者＝）。

また、「3．2『生きづらさ』のジェンダー化」についていえば、そもそも「ジェンダー化」しているという主張のメカニズムがよく分かりませんでした。「おしゃれすべし」というような性別化された行動規範にかかわって、「ウィッグ装着パッシング」の「普通化」が行われている、ということは分かるのですが、むしろ、この性別規範利用は、「『生きづらさ』からの解放のジェンダー性」とでも呼べるような内容なのではないでしょうか。「『生きづらさ』のジェンダー化」というと、どういうことをさしているのか、よく分かりませんでした。

「3．1　パッシング以後の『生きづらさ』」と「3．2『生きづらさ』のジェンダー化」はいずれも、初稿「3．考察」の項タイトルなのだが、前記のように査読者からは、「仮説への事例のあてはめ」とみなせるような作業がなされてしまっていると指摘された。この点については、二回目の査読で、「十分よくなった」、「掲載まで、もう一歩のところまで来た」と評価された。とくに、「既存の研究におもねるかたちで、オリジナルデータを提示していた第一稿の欠点」は解消されており、第二稿では「既存の理論からでは説明できない部分に焦点を当てて再分析し、自らのオリジナルな説明枠組みを組み立てようとしてい」る点で、「まっとうな社会学論文の体裁となっている」というコメントをもらった。

しかし論文デザインに関する修正は、その後、伸び悩んだ。三回目の査読では、「筋がとおった現実解釈に成功したというだけで終わってしまっている」「イメージ的にいうと、各パートの考察が、半歩ずつ不足している感じになっている」、と次のようなコメントをもらった。

【査読コメント（三回目）】

議論をくみたてた結果として、現実（かつらに満足している女性たちがいる）を説明した（パッシングには、スティグマ強化型のパッシングと、パッシングすること自身が多数者への同化促進型のパッシングがあって、かつらに満足している女性たちは、化粧やおしゃれという多数派女性の価値への同化を果たしているがゆえに、スティグマ感をよわめているのだ）、というところで終わってしまっていますが、それでは物足りないのです。

社会学は、強欲な学問なので、このようなすっきりした「説明」はあっというまに「消費」されてしまいます。残念ながら、十年残らないのです。両事例の考察にさらに半歩ずつの付加分を積み重ね、その付加分を伏線として、「本稿はどのように社会学を革新したのか」の記述を3節末とか、4節「おわりに」の部分で提起することが、本来なら求められます。

じつは、そういうオチを書いてくれないと、「4．おわりに」が読みづらいのです。「4．おわりに」は、大きな謎をはらんでいます。なぜ、「顔にあざのある女性」は、「美しい／美しくない」という文脈でみずからの生きづらさを語ることができなかったのに、「髪がない女性」は「女らしい／女らしくない」という文脈で語り得ているのか、という謎が、「4．おわりに」では、謎のまま放置されてしまっているのです。研究報告書なら、「事実」をかけばそれでいい、という判断もあるかも知れませんが、投稿者が書こうとなさっているのは、論文です。論文では、結末の時点で、理由のない差異を放置してはならないのです。

でも、このような「作法違反」が見えるようになったこと自身が、投稿者のここまでの改善の成果でした。ですから、ここまででよいのだ、といってもよいと思っています。（中略）論文を書くのは、なかなかに難しいことなのです。ある問題を解決すると、次の問題が見えてきてしまうからです。どこで打ち切りにするか、は本当に難しい問題です。そして、今回のテーマに関しては、この二訂稿で、もはやこれまでの水準に達しているだろう、という気が、評者としては、しています。

このように、「議論をくみたてた結果として、現実〔中略〕を説明した〔中略〕、というところで終わってしまっていますが、それでは物足りない」、「両事例の考察にさらに半歩ずつの付加分を積み重ね、その付加分を伏線として、『本稿はどのように社会学を革新したのか』の記述を3節末とか、4節『おわりに』の部分で提起することが、本来なら求められ」る、「そういうオチを書いてくれないと、『4．おわりに』が読みづらい」という指摘である。

なぜなら、「『4．おわりに』は、大きな謎をはらんでい」るからであり、その謎とは、「なぜ、『顔にあざのある女性』は、『美しい／美しくない』という文脈でみずからの生きづらさを語ることができなかったのに、『髪がない女性』は『女らしい／女らしくない』という文脈で語り得ているのか、という謎が、『4．おわりに』では、謎のまま放置されてしまっている」からと査読者はいう。

加えて、「研究報告書なら、『事実』をかけばそれでいい、という判断もあるかも知れませんが、投稿者が書こうとなさっているのは、論文です。論文では、結末の時点で、理由のない差異を放置してはならないのです」とも指摘された。こうした指摘を受けて、三回目でも加筆をしたのだが、修正は不十分で、結果、四回目の査読で、「今回はあきらめる」よう促された。

査読者の評価は、次のようであった。すなわち、「議論の展開〔今回の論文が達成した発見が、本当にデータに基づいた発見であるといえるのかどうかの、あり得る反論を踏まえた吟味と、その発見が正しい発見であったとして、それが日本社会学にどのような意味をもつのか、という、その発見の意義についての定位の作業〕」がないまま論文が終わっている点は不十分であるが、これは前述のとおり「論文のデザインのレベルでの作り直し」の困難さの裏返しでもあり、しかたがない。その点を差し引いても、信憑性のある重要な発見が導かれたのだから、前記の問題は今度の課題として、「ここで作業を打ち切って、とにかく公表してしまう、というやり方もある、という水準には十分に達している」という査読者からの提案によって、加筆修正作業は終了したのである。

❸論文タイトルに関して

もうひとつは、論文タイトルに関する指摘である。査読・修正のプロセスを通してタイトルは二回修正され、最終稿のタイトルがつけられたのは四稿においてであった（表3）。タイトルの修正で特筆すべきは、「ジェンダー」という用語の使用に関してである。くり返し述べてきたように、執筆当初の私は、「髪を喪失した女性たちの抱える『生きづらさ』が問題化されにくい背景をジェンダーの視点から明らかにすること」（エントリーシート〜二稿）を論文の目的としていた。しかしすでに提示したように、一回目の査読では、「どうして、タイトルにもある、最重要なタームである、『ジェンダー』との関連が、ほとんど論述的裏付けを与えられていないのか、理解が困難で」あると指摘された。だが当時の私は、どう修正すればよいのかわからず、次のように悩んでいた。

【リプライ（一回目）】

頂戴したご指摘をふまえて、考察も大幅に修正いたしました。具体的には、まず事例の検討を通して、彼女たちによって語られた後発的問題経験を整理し、次にそれが現状では「問題」として語られなかったのはなぜかを、ゴフマン、ガーフィンケルのパッシング概念を手掛かりに考察を記述いたしました。

ではありますが、ジェンダーと関連させながらうまく考察を記述することができず、したがって「4．おわりに」のまとめかたも思案しております。

ご指摘頂いた点について、〝「おしゃれ路線」で、「普通さ呈示路線（自毛が普通に生えてい

表3　論文タイトルの変化

エントリーシート 初稿・2稿	ジェンダー化される「生きづらさ」 ──髪を喪失した女性たちの語りから
3稿	かつらによって解消される「生きづらさ」 ──「病気対策」から「おしゃれや身だしなみ」へ
4稿・最終稿	「カツラ」から「ウィッグ」へ ──パッシングの意味転換によって解消される「生きづらさ」

ることを呈示する路線）」の困難を乗り越えている女性たちがいる〟ことを、〝「ジェンダー化された差別的な関係性そのものを再生産することに荷担せざるを得ない」とだけ、評価するのは、いささか一方的な評価に過ぎる〟というのは、その通りだと思いました。

初稿執筆時は、ゴフマン流のパッシング観しか持っておらず、したがって「かつらを被っていればいいじゃない」と語る女性たちを、「ジェンダー化された差別的な関係性そのものを再生産すること」に盲目的な女性であるようにしか描くことができませんでした。しかしながら、上述したような、彼女たちにとってのパッシングのもつ意味をふまえると、〝むしろ、この性別規範利用は、「『生きづらさ』からの解放のジェンダー性」とでも呼べるような内容〟であるというのはご指摘頂いた通りで、そのような解釈を加えたいと思っております。

さらに、「生きづらさ」のジェンダー化についてですが、そもそも「ジェンダー化」という言葉は、荻野[8]にヒントを得ていました。ここでいう「ジェンダー化」とは、「〈女〉および〈男〉という性の違いが所与の大前提として設定された文化の中で、それにそって訓育され、立ち上げられ、生きられていく[9]」ことを意味します。この点を幼少に発症した事例の検討を通して十分に記述したかったのですが、現状では不十分なので、どのようにしたらよいか、よく考えます。この点、ご指摘頂ければ幸いです。

これは一回目の査読リプライなのだが、自分一人の力ではどうにもアイディアが浮かばず、修正を行うことができなかった当時の私は、ジェンダーと関連させながらうまく考察を記述することができず、したがって結論パートのまとめ方もどうしたらよいかわからず悩んでいると、リプライを通じて査読者に相談をしていた。

これ以降、どのような査読・修正がなされたかは、これまで述べてきた通りであり、原稿内容が固まるにつれ、それと並行して論文タイトルにも修正が加えられた。タイトルの修正についても、査読コメントが大いに参考になったという経緯があり、以下に引用するコメントの内容を踏まえれば、論文タイトルは査読者がつけてくれたものであったといっても過言ではない。

【査読コメント（二回目）】

＝各論＝

①まず論文タイトルですが、「カツラによって解消される『生きづらさ』――パッシング1からパッシング2へ、あるいは、病気対策としてのカツラから、おしゃれとしてのカツラへ」なんてのは、いかがでしょうか。もちろん、このタイトルを採用する場合は、「パッシング1」と「パッシング2」を定義する部分を書き足さなければなりませんが、それはかなり容易な修正のように思われます。

②現状の「ジェンダー化される『生きづらさ』」というタイトルは、一三頁の三行目以下に残存している「カツラの意味を病気対策からおしゃれのためのものに変更することで、本人は生きやすくなるかも知れないが、社会的には性差別を助長する問題ある行動だ」（大意）という主張に沿ったタイトルですが、この一三頁の三行目以下の主張は、本論文のメインの主張では（もはや）ないはずです。すべての社会学論文が、無理に反差別の立場からの主張をする必要は、ないと思います。ちゃんと本文でメインに述べた社会学的主張を、タイトルに反映するのが王道だと思います。よく考えてみてください。

査読者からのこのような指摘を通して、次第に論文タイトルは、最終稿の内容に沿ったタイトルへと変更されたのである。

（8）荻野美穂、二〇〇二、『ジェンダー化される身体』勁草書房。
（9）前掲『ジェンダー化される身体』i頁。

5●査読を通して変化した当事者研究のパースペクティヴ

ここまで、査読・修正プロセスをふりかえることを通して、最終稿がいかにして生成されたのかを検討してきた。結果、一回目の査読で、研究の前提条件の部分での「良さ」しかないと指摘されていた初稿は、とりわけ、①先行研究の位置付け、②論文デザイン、③論文タイトルに関する査読コメントを通して加筆修正がなされていたことが明らかとなった。さらにその修正作業を通して、論文の「問い」が変更されたことが、最終稿の生成を決定づけていた。

すでに述べたように、「問い」が変更された背景には、査読・修正の過程において、当事者研究を行う私自身のパースペクティヴが大きく変化したことがある。それがいかなる変化であったかを端的に確認できる箇所は、結論パートであろう。「問い」が変更される前（エントリーシート～二稿）の記述は、以下のようであった。

【エントリーシート～二稿】

4．おわりに

以上の考察から、彼女たちはいわば「実践的意識[10]」にもとづいてパッシングを行っていた。つまり、病気というスティグマを隠蔽するというよりも、「ふつうの女性」の身だしなみやおしゃれとしてかつらを着用し、そのことによって「かわいく」、「女らしく」生きることを自明視していた。西倉実季によれば、顔にあざのある女性たちは「美しい／美しくない」という文脈ではなく、「ふつう／ふつうではない」という文脈で「生きづらさ」を語っていたという[11]。だが、髪がない女性の場合は、「ふつう／ふつうではない」という文脈をむしろ回避し、かつらの着用によって「ふつう」の外見を獲得することを前提として、「女らしい／女らしくない」という文脈で語っていた。したがって、本稿で詳述したようなパッシング以降の「生きづらさ」は、病気や障害という社会問題として承認されやすい文脈を離れ、多くの女性たちが日常的に感じている身だしなみやおしゃれの面倒さへと当人自身によって意味づけられていたのである。
当該女性にとっては、パッシングにともなう「生きづらさ」をあえて問題化しないことが、「髪は女のいのち」とされる社会を「より快適に」生きるための戦略として機能していた。しかしながらその背後には、女性が「女」という性を肯定的に受け入れながら生きるうえで、ジェンダー化された差別的な関係性そのものを再生産することに加担せざるを得ないという現状がある。(12) 髪を喪失した女性たちの「生きづらさ」は、「ふつうの女性」として生きるための「あたりまえの実践」として認識されやすいがゆえに、問題化されにくいのである。

この記述について、二回目の査読において、査読者からは、啓蒙的記述ではあっても社会分析的記述ではない可能性がある、実践的意味としては「髪のない女性」のような「障害者」や「病者」に、「非障害者」や「非病者」よりも重い義務(差別構造と戦う義務)を負わせようとする記述になるのではないか、と危惧された。そのうえでさらに、いったいなぜ「髪のない女性」は「普通の女性」以上に差別と闘う義務を負わされなければならないのか、障害者前衛説でも取らない限り無理な主張のように思われる、真剣に再考せよ、と指摘された(二回目の査読コメントより)。

結果的に、結論パートは、前節で確認した査読修正プロセスを経て、次のような記述へと変化した。すなわち、当事者の女性たちは、病気や障害という社会問題として承認されやすい文脈ではなく、むしろ多くの女性たちが日常的に感じている「おしゃれや身だしなみの面倒さ」に関係する文脈で捉えることによって、パッシング以後の「生きづ

(10) 吉澤夏子、一九九三、「ジェンダーの社会的構成」山岸健編著『日常的世界と人間――社会学の視点とアプローチ』小林出版、三一九―三三三頁。
(11) 前掲『顔にあざのある女性たち』。
(12) 前掲「ジェンダーの社会的構成」。

らさ」を解消させていた、である。この記述が生成されたのは、エントリーからおよそ九ヵ月を経た四稿においてのことであった。

このように、当事者研究を行う私の分析視角は、この投稿経験を通して、いわば「反差別」から「人々の方法」へと、時間をかけて変化したといえるだろう。そしてこの変化もまた、査読コメントによって促されたものだったのである。

6●おわりに

本稿では、『新社会学研究』第一号において私が経験した、投稿論文と査読の実際について述べてきた。これまでの記述を通して明らかなことは、私の投稿論文は、査読者から寄せられた査読コメントをもとに、私が一人で加筆修正を行い、ブラッシュアップを積み重ねたことによって完成したものではなかった、ということである。特筆すべきは、そのような査読・修正プロセスを通して、当初想定されていたものとは大きく異なる内容の論文が生成されたことだろう。

つまり私の経験を通してみると、投稿・査読という営みは、査読者という第三者の目を借りて、自分の論文をブラッシュアップしていく洗練化プロセスではなく、むしろ、第三者の手を大いに借りて、自分の論文を、自分の論文+αにするイノベーションプロセスだったのである。

最後に、この原稿を書き上げるにも、編著者の樫田美雄先生、栗田宣義先生をはじめとした第三者の目と手を多分にお借りした経緯があったことを改めて記しておく。とくに前記、本章の結論パートは、樫田先生のご助言によるものである。

このように、見ようによっては「他力本願」とも言われかねない執筆作業になった背景について、最後に言い訳がましいことを付け加えておきたい。それは本章執筆中、私にとって当時の経験をふり返ることは、「自分のバルネラビリティ（弱さ）をさらけ出し、見つめなおす[13]」作業であったことがある。そのため、査読・修正プロセスを客観的にとらえ、観察することに大きなつらさと困難を伴い、結果、執筆作業に大幅な遅れを要してしまった[14]。

それでも辛抱強く待って下さった編著者の先生方、編集担当の伊藤健太氏、そして、原稿のイノベーションプロセスを陰ながら支えてくれたパートナーに感謝し、本章を終えることにしたい。

(13) Elis, C. and A. P. Bochner, 2000, "Authoethnography, Personal Narrative, Reflexivity: Research as Subject," N. K. Denzin and Y. S. Lincoln eds., *The Handbook of Qualitative Research*, Thousand Oask, CA: Sage Publication.（藤原顕訳、二〇〇六、「自己エスノグラフィー・個人的語り・再帰性——研究対象としての研究者」平山満義監訳『質的研究ハンドブック３ 質的研究資料の収集と解釈』北大路書房、一五二一—一五三頁。）

(14) この点に関することとして、本章が完成するまでの経緯についても、少しだけ書いておきたい。私が締め切りを大幅に遅れて提出した本章の内容について、編著者からは、その日のうちに読後の感想をメールでもらった（二〇二一年七月一日）。そこには、全体としてわかりやすく、よくできた原稿であると、お褒めの言葉が並んでいた。しかし、ちょっと、「きれいごと」な感じがする、本当は査読の中で書かれたことに関して、耐えがたい苦痛として、ここで書いておきたいことがもっとあるのではないか、と指摘され、「以下の二つの論点のうち、片方だけでも、たとえば、注に加えるのがよいとおもいます」と次のように書かれていた。

①査読は、介入度が高すぎて、専門研究者に対する書き方としてかなり失礼だった。でも「同人誌」でかつ「エントリー制（基本的に載ることが決まった後の査読）」だから、ぎりぎり気持ちの上で許せたが、心の中には、もやもやがまだ少し残っている。（以下略）

②査読コメントに、議論の誘導の仕方として、お為ごかしで、上から目線で、気持ちの悪い部分があったことは、実践編として、書いておくべきだろう。（中略）たとえば、一一頁に書いた「結論部分」へのコメントだが、「反差別的社会学」への「悪意・敵意」が隠しようもなくにじみ出てきていて、いかがなものか、と思われた。しかし、そのような「感情的な部分」も含まれた「査読コ

メント」だけが、人を動かす、ということもあるだろう。またしたいとは思わないが、希有な経験はした。面白かった、とは書いておきたい。

編著者からこのような提案を受けたのは、次のような理由によるだろう。つまり当初、本章の内容は、前記にあるような、査読者に対する恨みつらみが、そのほとんどを占めていたことである。本章執筆中、査読コメントを読み直す作業によって、私は心身の不調をきたしており、怒り、涙しながらこの原稿を書いていた。途中、何を書けばよいのかわからなくなり、何度も手が止まり、メールや電話で、編著者に相談していたほどである。それが結果的に、最終稿ではその恨み節がすっかりそぎ落とされ、「きれいごと」と評されるまでのトーンの文章で、本章をまとめあげるに至った。

本章完成に至るまでのこのようなプロセスの背景にも、書き手である私自身のひとつの変化を指摘することができるだろう。つまり当初の私は、査読者からの指摘やコメントを「お為ごかし」や「反差別的社会学」への「悪意・敵意」として認識していた。それがこの原稿を書き上げるプロセスにおける第三者との相互行為を通じて、次第にそれを、いわば「教育的サポートをする相互扶助文化的態度」(査読ア太郎、二〇一六、「論文投稿と査読のホントのところ①——加点法と減点法の齟齬問題の周辺」『新社会学研究』(一):八〇—八九頁)として認識するようになったのである。これには大いに時間を要してしまったが、このような変化があったことも、当事者研究の記録として記しておきたい。

〈座談会編〉

「論文投稿と査読のホントのところ」座談会

以下は、本書に掲載するために実施された座談会の記録である。この座談会は、二〇二二年三月一八日金曜日の午後二時から午後四時にかけて開催され、Zoom と YouTube の両方で同時配信された（タイトルは「論文投稿と査読のホントのところ」座談会である）。

この座談会に向けては新曜社HPにおいて参加者の募集が行われ、登壇者の他、約一〇〇名の参加があった。現在も以下のWEBサイトで記録動画の視聴が可能となっている（https://www.youtube.com/watch?v=f0iA_iGusfs）。

当日の登壇者は以下の通り。括弧内には座談会当日時点での所属先を記してある。栗田宣義（司会：甲南大学）、樫田美雄（神戸市看護大学）、小川博司（関西大学）、三浦耕吉郎（関西学院大学）、好井裕明（日本大学）、陳怡禎（日本大学）、吉村さやか（日本大学）、山本夏生（一橋大学）、伊藤健太（新曜社）。

前者五名は新曜社から定期刊行されている『新社会学研究』の編集同人を務めており、その次の三名は本誌の公募特集に応募し論文を掲載された方々である。

栗田　おはようございます。今日は、一〇〇人近い皆さんが、「論文投稿と査読のホントのところ」座談会に参加してくださっています。ありがとうございます。この座談会はZoom開催ですけれども、YouTubeでも同時配信しております。

さて、まずは今回の仕掛け人である樫田先生からのお話。論文投稿と査読システムの意味と現状について語っていただきます。

既存査読誌の構造的問題

樫田　この『新社会学研究』は同人誌で、かつ新曜社さんから出させていただいている商業誌です。同人の五人は『社会学評論』の編集委員を同期でやっておりまして、『社会学評論』の編集を一所懸命したんですけれども、構造的な問題があって、日本の社会学界のためには、『新社会学研究』のような新しい雑誌が必要だという合意で企画を立ち上げました。現在、七年目で、7号を編集中です[1]。古い雑誌では構造的な問題があって、微妙な言い方になりますが、研究の芽を摘み取るような側面を、査読プロセスが持ってしまう面がありました。

たとえば、先行研究に過剰に依存して書くような投稿論文が増えていく。日本社会学会は専門領域を三二分野に分けるシステムを持っていて、この三二分野を基本に学会大会の部会編成をしています。そこから類推してだと思いますが、機関誌である『社会学評論』も、部会別の専門査読者が付くというような誤解が生じているのではないでしょうか。結果として、先行研究として扱う論文の幅を拡げるような意欲的な論文よりは、狭い領域の先行研究を丁寧に踏まえたような論文が載りやすいというような理解が投稿者にはあって、結果として既存の雑誌は縮小再生産っぽくなってしまう傾向があるように思います。

投稿者が萎縮してしまうのには、構造的要因があるということを知ることが大事です。『社会学評論』については、岡山大学の齋藤圭介さんのリサーチマップにPDFファイルが載っていますけれども、投稿から掲載までのプロセスを追いかけた貴重な研究があります。[2] そこには、平均して投稿総数の四分の一しか掲載に至らないことが書かれています。ここで問題になるのは、四分の三の落ちた人にどうやってその落選理由を説明するのかという点です。このことが構造的要因に繋がります。

つまり、論文の欠点を端的に指摘した方が納得してもらいやすい、ということです。『社会学評論』のような雑誌では「公平性の担保」が、編集委員会や査読者には強く求められています。そうすると、ここがダメあそこがダメって、悪いところに注目した査読コメントを返す方向にどうしてもバイアスがかかってしまう。そうすると、投稿者の方でもどうしても、目に付く欠点を減らしていこうという執筆態度になっていってしまうという構造的な問題があります。この点については『新社会学研究』の第1号で査読ア太郎さんが、加点法と減点法の齟齬の問題として書いています。[3] 良い論文は加点法でカウントしたいんだけど、実際に査読して、査読結果を納得してもらおうとすると減点法になってしまう、そういう構造的な問題があると書いています。『新社会学研究』は「公募特集」の仕組みを丁寧に作り込む中で、この問題を乗り越えようとしたという面があったと思います。

構造的問題への対応策

樫田　今日、この座談会では、そういう乗り越えが上手くいってるかどうかをチェックしていただきたいと思ってい

(1)『新社会学研究』第7号は二〇二二年一一月に刊行された。二〇二三年一一月時点で、第8号まで刊行されている。
(2) 齋藤圭介、二〇一二、「データからみる『社会学評論』——投稿動向と査読動向を中心に」『社会学評論編集委員会報告書』五—一六頁。
(3) 査読ア太郎、二〇一六、「論文投稿と査読のホントのところ① —— 加点法と減点法の齟齬問題の周辺」『新社会学研究』(一):八〇—八九頁。本書〈講義編〉第1章も参照のこと。

ます。本誌が乗り越えを図ってはいたとしても、新しいやり方に固有の困難とか失敗とかもあったかと思います。ゲストで来ていただいている陳さん、山本さん、吉村さんの三氏は、全員、『新社会学研究』の公募特集に論文を投稿して載せてくださっているという共通の特徴があります。三先生からのコメントをいただくことで、日本の社会科学系の諸雑誌の査読が抱えている三つの問題点に対する乗り越え方に関しての見通しが得られればよいな、と思っております。

つまり、一つ目としては、「先行研究過重依存問題」が既存の大手誌にはあると思いますが、この点に関しては、新規性のあるテーマ設定の公募特集を組むことが対策になりうると思っています。テーマとして、生きづらさとはいったい何なのかという新しいテーマを設定すると、当然に読むべき先行研究を減らすことができます。ぎゃくに、家族とは何かっていうようなテーマ設定だと、一〇〇冊ぐらい家族社会学の本を読まなきゃいけなくなるはずです。

二つ目は、「実証性への過剰期待問題」（結論がつまらなくても、実証プロセスが堅固な論文が良い論文だという流れになってしまう問題）であると思いますが、この問題への対処として本誌は、担当査読者制をひいています。つまり、一つの投稿論文に一人の編集委員が張り付いて、当該査読者が、平均的には四回程度、多い時は六回ほどの査読をします。そうやって、査読者が投稿者と対話しながら、あり得べき論文像を見極めて助言していきます。このような応援的な査読体制を取ることで、総合的な観点から、厳密性の要求を控えることが可能となります。結果的に、「結論の面白さと引き換えに厳密性を確保して減点はされないようにする」という、論文をつまらなくするような対応策を、投稿者に促さないことが可能になっています。

三つ目の、「公平性への過剰留意問題」も重要な問題です。本誌はエントリー時に、二〇〇〇字から二五〇〇字の論文構想文を要求しています。この論文構想文を全同人で審査して、雑誌に掲載が可能な人数にまで絞り込んでから、査読を開始しています。したがって、査読開始後は、「公平性への配慮でコメントを控える」という必要性は最小化されます。どんなに応援しても、応援不足で不採択になる投稿者はいないので、公平性が問題になることはないということです。

問題の一つ目への対処は、本誌が同人誌だから可能になる対処であると思われますが、問題の二つ目や三つ目への対処は、本誌が、小回りの利く新構想の小規模雑誌だからできる対処であるということが言えるでしょう。

これまで述べてきた通り、既存の雑誌の抱えている問題への本誌の対処方針は、本誌が同人誌で、比較的小規模で、かつ、新しい雑誌だからできるという面がありますが、部分的には、既存の学会誌も採用できる対策になっていると思います。このあたり、議論していただければ、嬉しく思います。

論文投稿学という構想

樫田　さらに、本誌は、アクションリサーチ的に、一方では公募特集をやるのだけれども、もう一方では、そのことを同時進行で分析しながら、雑誌内に解説論文（査読ア太郎による連載記事である「論文投稿と査読のホントのところ」のこと）も載せていくという仕組みを持っています。ここがこの雑誌の面白いところです。

本誌は、『新社会学研究』という誌名からもわかるように社会学の専門学術雑誌なので、「投稿と査読」を扱うこの連載は、それ自身が社会学でもあるという構造になっています。そうはなっているのですが、さきに紹介しました連載第一回の「加点法と減点法の齟齬問題の周辺」の冒頭には、「論文投稿学を目指す」とも書いてあるんです[4]。一方では、研究対象が「論文投稿と査読」である「社会学」の連載であることを志向しつつも、もう一方では、もう少し自立した学問としての「論文投稿学」の可能性も探っていきたい、明文化された「制度」ではなく、実践されている「相互行為」に注目する新しい方法論で、新しい学問としての「論文投稿学」の構想を立てていきたい。このように、

（4）前掲「論文投稿と査読のホントのところ①――加点法と減点法の齟齬問題の周辺」。本書〈講義編〉第1章も参照のこと。

結局のところ、これまでにない、偶有性にも、思わざる効果的イノベーションにも十分配意した志向性を持った連載が本誌には載っています。この座談会ではこの後者の可能性を、つまり、論文投稿学の可能性も丁寧に探っていきたいと思っています。

というのも、先ほどここで申し上げた問題は、社会学の雑誌だけの問題じゃないようなのです。経済学の問題、経営学の問題、法学の問題、政治学の問題。どの専門雑誌も同じような蛸壺化問題を抱えているわけで、「論文投稿学」も社会学として成り立つだけじゃなくて、社会科学あるいは理系も含めて、より幅広い視野で考えていってよいのではないかと思っています。

投稿と査読の場における相互行為

樫田　ところで、ア太郎論文の連載第一回には次のようなアイデアも載っています。査読と投稿に関わるアクターは、共有価値を持って一つの制度のもとで仕事をしている、完全な同質の仲間ではなくて、別々の目的に志向した別々の資質を持った人たちだから、複雑な相互行為なんだっていうことを、ア太郎は「複数アクター参与モデル」として主張しています[5]。つまり、査読者には査読者の関心、編集委員会には編集委員会の関心、投稿者には投稿者の関心があり、それぞれが制度的に規定されているのとは違った活動をしている、と主張しています。たとえば、一見、査読者は投稿者に向けて投稿への批評コメントを書いてるように見えながら、実際には横で見ている査読仲間に向けて、批評コメントを書いている。多くの場合、日本の社会学系雑誌では二人が同時に査読して、コメントを相互に見合うことができますから、もう一人の査読者に向けてコメントを書いている。あるいは、実は、陰ながら見ている編集委員会に向けて、私は真面目に仕事してますよっていうメッセージを出す形でコメントを書いている。そういう可能性にも配慮しながら、査読と投稿の相互行為の分析はしていかなければいけない。そういう「複数アクター参与モデル」

という分析モデルをア太郎は提起しています。当然、若手の方も気づくわけですね。「この査読コメントっていうのは、どう考えても私向けに書かれているんじゃなくて、横で見ているもう一人の査読者や、編集委員会向けに書かれてる。不愉快だけど、それを了解した上で上手に切り返したら受けた」とか「コメントの宛先をよく考えてみたおかげで、解決困難な代理戦争の落とし穴に落ち込まずに、すり抜けることができた」とかいう感想が出てくるわけです。

投稿論文に関する大問題として、審査割れ問題があります。この時にしばしば何が起きているかというと、一人の査読者が、もう一人の査読者に向かって、「あんたの査読コメントは誘導する方向がまちがっている。あんたへの応答だけでいいと投稿者が考えるとこの論文は掲載水準にならない。折衷案も良くない。唯一可能なのは、○○的解決だけだからそれがわかるように工夫したコメントを今回も今後も付けていこう。そうやって折り合おうじゃないか」というような方針でのコメントを付けることです。それは、投稿者を説得するというよりはもう一人の査読仲間とネゴシエーションをするようなコメントです。この時争いの主戦場は、もはや「投稿者 vs. 査読者」ではなくて、「査読者A vs. 査読者B」に移っています。そういうことが起きている可能性もあるのだということを踏まえて、そういう複雑な文化現象であり得るものとして、投稿と査読の分析をやっていくべきかと思います。

査読者を使いこなすという戦略

樫田 もう一つこの座談会で検討していただきたいのは、これもさっき申し上げた岡山大学の齋藤さんが書いた論文(6)が呈示している大変重要な点なのですが、実は査読一回で通過する論文はほとんどないということです。『社会学評論』で五パーセント以下ですよね。ほとんどの論文は三回の査読を経たあとで通過するという事実があります。実は

(5) 前掲「論文投稿と査読のホントのところ①――加点法と減点法の齟齬問題の周辺」。本書〈講義編〉第1章2節も参照のこと。

このことは、関東社会学会だろうが関西社会学会だろうが、連字符社会学会だろうが同じです。

そうすると、次のような作戦が実は可能かもしれない、ということになります。そのようにア太郎が言っています。(7) つまり、通常は、最初の投稿した瞬間の論文の質を高めることが重要だと言われるんだけれども、実際にはもう一つの路線があるのではないか。つまり、最初の論文の質を高めようとすると、先行研究に過剰依存し、自分の実証性の低さを紛らわせるためにテーマを小さくし、公平性に配慮する人にも打ち勝てるように誤字脱字を減らして、あまり知らない用語を使わないっていうようなことになってしまうんですが、そうじゃない路線として、私の論文には伸びる可能性がこんなにあるよっていう、魅力をこう多彩に見せていくような戦略もあり得るのではないか、ということです。この後者の戦略を取った場合には、査読者がそれに乗ってきて、「あなたのアイデアは私の知っているこのアイデアと組み合わせると上手くいく可能性がありますね」と助言的にコメントを書いてくれる可能性があります。そういう親切な査読者は、私の知る限り、いっぱいいるわけです。このように、査読者と共同して論文を完成させる戦略を取るっていう手があって、実はかなりの論文はこのような、非オーソドックスな道筋をたどって掲載に至っているんじゃないか、そしてそれは『新社会学研究』がねらってやっていることとして、そういう実践例を通して、証明できるやり方なんじゃないかっていうことも、今日の話題にしてよいのではないかと思います。

査読者のコメントにどの程度対応すべきか

栗田　今、樫田さんからお話がありましたが、『新社会学研究』は現在第6号まで出ています。それで創刊号の「生きづらさとはいったい何なのか」、それから第4号の「メディアとコミュニケーションの社会学」、そして第6号の「流行と集合行動の社会学」、これらそれぞれの号の公募特集において、見事掲載に至った三人の先生方に、一人ずつお話をしていただきたいと思います。まずは陳先生からお願いします。

陳　本日は二つの疑問点について、査読者と編者の先生にお伺いしてみたいと思います。どうぞよろしくお願いします。

まず、一点目ですが、コメントに対してどのくらい対応した方がいいのか、というのが気になっています。これはこれから投稿をしていく人たちにとっても、重要な質問かなと思っています。私自身が投稿した論文は、「社会運動の中での参加者たちの文化実践」をテーマとしたものでした。二次創作とかアニメキャラクターを使ってそこに自分の思いを乗せて、社会運動を盛り上げようとしているっていう文化現象があって、私はそれについて研究をしているんですけど、私が投稿したのは二〇一九年発行の第4号の公募特集でした。この論文は私にとってはとても重要な、私の研究の第一歩となっているものです。私は修士まではずっとアイドルのファン研究をやってきていて、博士の時にちょっと事例を変えてみようと思って、社会運動の中でのサブカルチャー実践というテーマにたどり着いたんです。『新社会学研究』に投稿するまでに、口頭発表を何回もしましたが、学術論文として投稿するのは初めてでした。先ほど樫田先生もおっしゃったように、『新社会学研究』は本当に査読の先生が丁寧で、投稿者、若手の研究者を育てようという気持ちが伝わってくるんです。私もあれから三年が経った今、自分の当時の論文を見返してみたんですけど、その時にいただいたコメントがすごく優しくて、投稿者と一緒にこの論文を完成させようというメッセージが、査読コメントから伝わってきました。第二稿を出す前が改稿期間の中で一番悩んだところでしたが、査読の先生は、「あなたの論文は理論的には、新しい社会運動論の話になるはずです」って言ってくださったのですね。私は、

（6）前掲「データからみる『社会学評論』」。
（7）査読ア太郎、二〇一七、「論文投稿と査読のホントのところ②――『海図なき海での航海』としての査読誌への投稿」『新社会学研究』（二）：九八―一〇八頁。本書〈講義編〉第2章も参照。

三年前は、社会運動の論文にはしたくないという気持ちが強かったんです。経緯としては先ほど言ったように修士まではずっとアイドルのファン研究をやってきていて、だから、ファン研究とかサブカルチャー研究の方でやりたかったんです。社会運動論は、なんていうか、厳しい空気の中での社会運動の行い方みたいな、そういう固いイメージが強かったんですね、その当時は。私は、そういうのじゃなくてソフト面、文化面の方でやりたかった。なのでその査読コメントで新しい社会運動論になるのではないか、というコメントをくださった時に悩んで、どのくらい対応したらいいのか、改稿する二週間くらいの間悩みました。投稿者としては、掲載させるのが最終目的だから、査読者のコメントに合わせて、その方向性に合わせて自分の考えを全部捨てた方がいいのかも知れませんが、自分のやりたいことも大事なので、悩んだんですけど、結局、折衷案の形になりました。査読者のおっしゃる通り社会運動論になるはずです。でも、私も別の視点からも、サブカルチャー論という理論の枠組みからも入りたいので、サブカルチャー論でもあり、社会運動論でもあるというのはどうか、という折衷案を出したんですね。最終的に無事に掲載に至ったんですけど、査読してくださった先生が納得してくれるかどうかすごい不安でした。この心理戦は、多分、査読誌への投稿、改稿の段階で常に起きているのかなという気がしますので、この話を今日の最初のトピックとして、あげさせていただきたいと思います。

非ネイティブが査読誌に投稿する際のハードル

陳　それで、二つ目のトピックは、「非ネイティブが投稿する場合のハードル」です。これは、私が台湾出身で外国人で、多分、今日外国人の研究者とか留学生の方も参加してくださっていると思うんですけど、皆さん、同じような悩みを抱えてると思うので話題にあげました。ネイティブじゃない人が日本の学術誌に投稿する場合、最初の一歩を踏み出すのにはすごい勇気が必要なんですね。自分の日本語が大丈夫かどうかという点で。実際に私、『新社会学研究』に投稿した時には本当に時間がなかったので、ネイティブチェックを受けないままに出しちゃったんです。査読の先生にすごい迷惑かけたなと思ってて。でも、査読してくださった先生が優しくて、私の日本語も直してくださった。本当にありがとうございますっていう気持ちでした。でもネイティブの人は最後の一秒まで書けますけど、外国人だとネイティブチェックを受ける期間を含めて逆算すると、二週間前に完成させないといけない。科研費を申請したらチェックしてくれる会社に頼めると思いますが、学生時代だとやっぱりそういうお金がなくて、ゼミの先輩後輩にお願いするというのも勇気がいることなので、ハードルが高いと思うんですよね。今、日本人の研究者も海外の学会誌に投稿することも増えたと思うんですけど、この「非ネイティブ問題」は一つのハードルとして、今若手の研究者たちが悩んでるところです。

私の場合は運よく、『新社会学研究』の査読者の先生が気にせず直してくれましたが、他のところは多分そこまでは優しくはないと思うんです。そう思ってこのトピックをあげさせていただきました。

査読を通じて変化する投稿者のパースペクティヴ

栗田　陳先生ありがとうございました。若手研究者の悩みだけではなく、非ネイティブスピーカーが投稿する時の悩みも打ちあけてくださって、本当にありがとうございました。次は、吉村先生、お願いいたします。

吉村　吉村です。よろしくお願いいたします。私も投稿した者としての経験をお話しさせていただきます。「査読を通して変化した当事者研究のパースペクティヴ」というテーマで、「反差別から人々の方法へ」をキーワードにお話しします。

私は二〇一六年、第1号の公募特集に応募して、四回査読と修正をして、論文を載せていただいた経験があります。この『新社会学研究』の査読経験ですごい、鍛えられたというかですね。この査読験経を経て一本書けたことが、博士論文を作る時の重要なキーストーンになったと認識しています。二〇一五年九月に日本社会学会第八八回大会が早稲田大学の戸山キャンパスで開催されていたんですが、そこでチラシを配っている人がいたんです。黄色いチラシ。それが好井先生だったんです。二〇一五年のあの当時ですよ。もうインターネットもあるのに、紙のチラシ、黄色でペラペラの紙で両面で、「生きづらさ」って書いてあった。それをいただいてずっと読んで。どうしてそんなに食いついたかっていうと、実はあの年、『社会学評論』の方で募集された公募特集に私はエントリーして落ちていた。私の生きづらさなんて、誰も認めてくれないんだわ、どうやってこの論文を書けばいいんだろう、って悩んでいた時だったんです。私自身は二〇一二年に調査を始めていて、髪のない女性たちについて、私も当事者なんですけども、病気で髪がない人たちの患者会のようなものがあって、その会に参与観察して、フィールドワークをずっとしていて、二〇一五年、一六年当時ってもう四年くらいその調査をしていたから、ある程度データは収集できていたんです。当事者の患者の会の運営組織の方からもご協力を得ながら、芋づる式に調査協力者の方と出会って、当事者さんとその家族にも一〇〇人ぐらいに聞いていた。で、オーラルデータはあって、それを文字起こしする作業は、自分の経験がフラッシュバックして、「わあっ」とかなったんですけど、とりあえずすごい量のトランスクリプトは手にしていたんです。だけど、それをどう社会学論文にまとめればいいのかっていう、テクニカルな部分が全くわからないという状態でした。私、修士までは全然社会学に触れていなくて、比較文学とかをやっていた。でも、自分のその当事者性が、七歳の時から髪の毛がないんで、ずっと引っかかっていて、曖昧な生きづらさをどうにかこうアカデミズムの世界で扱って、それに向き合っていってみたいっていう気持ちはあったんです。でも、向き合い方がわからなくて、その過程で社会学っていうのに出会った、あるいはジェンダーっていうのに出会った。だけども社会学全体は知らないし、自分の興味関心のあるところだけ本を読んでいると、なんか社会学をすることっていうのが、社会運動っていうのとイコールのものなんだみたいな感じの認識になっていました。自分の中でその生きづらさを承認してほしいっていう気持ちもあったし、こんなに曖昧な生きづらさを抱えている当事者さんの世界があるのに、それを捨象するような社会構造があることへの怒りもありました。私の使命は、彼女たちの声を言葉にして世に送り出すことなんだっていうような意気込みで書いたのがこの論文のエントリーシートだったと思います。この生きづらさを社会問題として論じるような論文を書きたいっていう気持ちが当時はすごく強かったと思っています。

それがどうなったかっていうと、四回の査読修正を経て、研究を行う私自身のものの見方が大きく変化したんです。掲載された論文は、髪の毛がない中で、でもその中を生きている女性たちの生き方とか、対処戦略とかというような、彼女たちの方法を描いたものに結果的になりました。

その視点は、私がエントリーした時には持ってなかったものでした。あの四回の査読コメント、一つ五〇〇〇字以上はあるすごいボリュームで、私は筆が遅いので期日間際、あるいはオーバーをして出すんですけれども、二週間後ぐらいにはそのボリュームの査読コメントがぽんと来て、褒めてくれるんです。それで自分の自己肯定感が上がるんですけど、その上でここをこういうふうに書き直したらいいんじゃないかっていうところがあって。なるほど、あ、私自身のこの「反差別的な見方」ではなくて、「人々の方法へ」っていうパースペクティヴの変化を示唆してるのかな、と解釈できるような部分があって、そういうやり取りが何回かあって、それで論文が完成した、という経緯がありました。

当初は、エスノグラフィーみたいなことは全く使ってなかった。差別的な構造に対しての問題意識が強くて、それを問題化して指摘するような論文の形でした。そこから大幅に変化した論文が最終的に完成稿として出来上がったわけです。じゃあどのような原稿の変化があったかって言うと、事例が減ったんです。一番初めは当事者さんたちの語りをあげていて、それがかなりのボリュームを持っていて、こういう人がいるんだよって紹介をしていた。当事者内部の多様性みたいなものを捨てたくない、そこを描き出したいっていう欲張りのところが出ていた。でも結局、パースペクティヴが変化することによって、「人々の方法」っていうところが特化して描けるような事例を抽出していくことになりました。そうなると、事例の数が結果的に二つになりました。これは、論文としてまとまったからいいんだけれども、もどかしさもある。要は、その他の事例っていうのが取りあげられなかったっていう、そういう当事者たちの世界があるんだよっていうのを描きたいっていう気持ちがある中で、キリッとした論文にするためには、切り捨てなければならないところもありました。『新社会学研究』みたいな優しい、育ててくださるような査読をしてくださるところが、他にもあればいいんですけれども、見つけられなくて、私自身の中で描き切れていない事例がまだ手元にあるっていうのは、今後の課題で、もどかしいところだと思いつつ、良い経験をさせていただいたと思っています。

栗田　はい、吉村さんありがとうございました。研究を進めていく中での「もどかしさ」みたいなものが、認識と実践の齟齬の中で、感じられ、昇華され、けれども、残ってもいる、というとても示唆的なお話でした。

環境の変化と論文投稿

栗田　次は山本先生、お願いいたします。

山本　よろしくお願いします。私は一橋大学大学院の博士後期課程所属です。もう休学含めて五～六年経っているんですけど……。二〇二〇年の五月に、こんなテーマで投稿論文を募っているよという文章が、学会のメーリングリストで二件ほど来ました。実はその時、私は育児休暇中で、しかもコロナ禍で色々閉塞していて、誰とも喋れなくて自己肯定感が下がってる、だだ下がりの時期でした。自分が元々は体を鍛えるのが大好きでしたが、育児中だと身体を動かせなくて、どんどん心が鬱々としちゃっていました。そこでふと、「女性が体を鍛えるってどういうことなのか」っていうことを自分自身の当事者研究として表現できるのではと思いあたりました。それで書きあげたのが「ハッシュタグで広がりつながるトレーニングの『場』の考察」でした。

そもそもなんで女性って痩せたいって思うのかな、というようなところから、論文を書いてみようと思っていたんですが、女性の体のイメージの先行研究を見ていくと痩せ願望の話がたくさんありました。マスメディアの影響もあるんじゃないかな、とか先行研究を読み解いていく中で、トレーニングする女性たちっていうのを、論文にできるんじゃないかって思った次第です。その時にちょうど「流行と集合行動の社会学」という公募特集のテーマに出会ったわけです。集団トレーニングをしていたのが二〇一八年頃なんですが、コロナ禍で、その活動が全然できなくなってしまって。トレーニングのあとにみんなでご飯に行くことができなくなった時代に、そういう世界があったんだよということを、まずは書いてみたかった。さらに言うと、トレーニングをファッション的に楽しむ人たちが、コロナ禍ではどういうふうにしているのかっていうことまで追加して調べて書いてみたかった。興味を持った研究対象が女性たちのトレーニングの場だったんですけれども、直接の先行研究は、そもそもありませんでした。

実は博士課程一年目の時に、査読論文を一回出しているんですけれども、先行研究の不十分さで落とされていて、心が折れちゃったということがあったので、今回もダメ元で出してみました。そうしたら、そのいただいた紙を今でもお守りで持っているんですけれども、エントリーでテーマを通していただいた時のPDFに、「研究としての完成度が高いと思われるが、トレーニングの現場とかマスメディアとかSNS間のダイナミックな関係を捉える枠組みが欲しい」と書かれていました。この「枠組み」を考えるというのが一番自分が苦手だったところでしたので、とても助かりました。初めて通していただいた査読論文で、そこを学ばせていただいたと思っています。

自分が属している分野がスポーツ社会学で、スポーツとか体育とか査読先が意外に狭まってしまっているという問題があります。でもこの『新社会学研究』は、「新」っていうところで、新しいテーマもちょっと受け入れてもらえるんじゃないかな、みたいな期待がありました。実際に雑誌を見てみるとアニメとか漫画とかスポーツも、本当に間口が広く魅力もたくさんありました。

栗田　山本先生ありがとうございました。

今現役の博士後期課程で、ライフステージ的に二〇代後半から三〇ぐらいですか、そのタイミングにはいろんなライフイベントがある中で、山本さんのケースは、若い大学院生、あるいは少し上の世代で社会人をしてから大学院に入った方にとって、とても示唆的な内容だったと思います。

ゲストの三人にトークをしていただきました。次は同人、伊藤さん含めて、他の登壇者にフリーな形でお話をしていただきたいんですけど、まずは、小川先生お願いいたします。

形式重視の査読のあり方

小川　いい雑誌だって褒めていただいて嬉しいんですけど、ただ私はそれほど提案してどうのこうのっていう査読はしていないんですよ。私が担当したものは、最初から面白い問題意識のものが多くて。だから私の場合は、形式ですよね。論文として問いがあって、答えがある。その間に論証があるという形式がちゃんとできているかどうかっていうことを、確認しましょうってことが、大体、最初のコメントになっています。そういう意味では、『新社会学研究』の場合は、割と最初からチャレンジングなテーマも多いので、こちらも乗ってやりやすいところはあったかなと思います。

別の学会の話になってしまうんですけども、私の場合、文化研究で、ポピュラー音楽とか社会学の中ではマージナルな領域におりますので、ほとんど評論に近いとか、感想文に近いような文章が私にあてがわれて、これはこういう意味で論文とは言えないっていうコメントを書け、みたいなことが、これまでの査読では多かったんです。これはまだ研究ノートなんじゃないかとか。樫田さんの最初の指摘にあったように、『新社会学研究』の公募特集には一人の投稿者に一人の担当査読者がつきます。それで、その担当の人が勇気づけていくという、そういうやり方だからこそできた論文というのがあって、ほとんどの号の論文では、私が担当したものはそうなっていたと思います。それは『新社会学研究』のメリットとして、今再確認したところです。まあ、私と出会ったのは幸か不幸かはわかりませんが、確かに出会うっていう感覚はありますよね。他の査読誌に比べるとね。二人とか三人でやっている時よりはね。だからその分、良い論文になってほしいなっていうことはあったのかなと思います。

栗田　小川さん、ありがとうございました。三浦さん、お願いします。

査読者としての葛藤

三浦　今の話を聞いていて思ったのは、この雑誌がやってきたことの画期的な部分っていうのを、どのコメントも突出した形で示してくださったなあ、ということです。我々もそこを狙っているんだよっていうのも確かだし、でもだからと言って、その小川さんのような、むしろ内容の大きな改変をできるだけしないような形の育て方っていうのをやるっていうのもやっぱり一つのやり方ですよね。僕なんかも、それでどっちにしようかって引き裂かれるわけですよ。簡単に言えば、一回目である程度の、大きな変更なくOKを出すのが楽なんですよね。でもこれをさらにこういうふうに変える、ああいうふうに変えるっていっていくというやり方もある。いくつもの改変の方法があって、それについて考えると、今度は、責任問題が発生してくる。これをこっちに僕がねじ曲げたことによってこの人の人生がなんかマイナスの方に変わるんじゃないかとか。それも悩みながら、そしてやっぱり小川さんのような正統派のそういう形の査読コメントを書きたいと思いながら、引き裂かれながら査読者も書いているっていうことが真相じゃないかと思います。
でもそういう逡巡が結果として、今のところいい方向に出ているんだなっていうことが、よくわかりました。僕は最初に、あんまり匿名の査読を受けたことがないって言いましたけど、自分は査読経験がないのに、いろんな人に対して査読をやってしまって、もしかしたら、それによって随分人を苦しめてしまっている部分もあるんじゃないかって心配をしていました。でも教育って苦しめることですもんね、ある意味ではね。だから、やっぱりこれは学問ということでもあるし、この査読の「はちゃめちゃさ」っていうのは、我々の生き方にとって、すごく重要な方法かなって思いました。

栗田　はい三浦さん、ありがとうございました。次に伊藤さん、お願いします。

指導教官と査読者との意見の不一致

伊藤　最初、樫田先生がお話しされたことの中に、査読者のコメントというのは、投稿者へ向けたメッセージだけではなくて、もう一人の査読者へのメッセージであったり、編集委員会へのメッセージであったりもする、ということが言われていました。そこに関連してですが、先ほどの陳先生のお話を伺っていると、若手研究者の、特に院生の方だったりとかすると、指導教官との板挟みという事態が起こっていると思います。そういった場合に、第二稿や第三稿として返ってきた論文を見て、査読者の方が、「この投稿者は他にアドバイスをしている方々と査読者との間で板挟みになっているんじゃないかな」って感じることもあるかなと思います。そういった時に査読者が指導教官なり、そういった立場の方々とのせめぎあいみたいなところを、どういうふうに受け止めて、どういうふうに対処していっているのかなっていう、そこら辺の話を先生方に伺えればなと思います。

栗田　伊藤さん、ナイスポイントを突いてくださいました。我々はそれを自然と考えているんですけども、対象化する形で、同人の皆さん、答えていただければと思います。

好井　今、伊藤さんが言われた問題というのは、実は『新社会学研究』の査読というよりも、たとえば、『社会学評論』とか、他の隣接する社会学会誌の査読の中で結構テーマとして言われていることなんですよ。私自身は、個人的なこと言うと、院生時代に『社会学評論』の編集幹事のバイトをしていまして、その後『社会学評論』の編集委員を六年間やっています。つまり三年間編集委員をやって、そのあと三年間副委員長をやっているという。その院生で働いていた時にとてもいい経験をしたと思っているのは、投稿された論文と、それから査読コメントを全部読めるんですね。編集のバイトとして、全部自分の手元を通っていきますから。そうするととてもいい査読ととんでもない査読というのは両方見えてくる。一番悪い査読は、自分のことを知っているか、という査読なんですよ。つまり、投稿論文は、関連する問題関心の領域の先生のところに行きますから、自分の論文を引用していないとか、自分が大事だと思っている文献を引用していないのはそれだけでダメだみたいなことを言う先生がいる。とってもいい査読は、その投稿者の問題関心をきっちりと捉えた上で、言い方を変えると、投稿者の土俵に立って投稿者はどういう土俵で何がしたいのかな、ということを想像した上で、実はまだまだこの文献を読んでいませんよとか、あなたはこういうことをやりたいのなら、こうした方がいいですよみたいな、丁寧な査読をしている先生がいた。けれども、それは非常に限られたものでした。

それで、伊藤さんが言っていたのは、たとえば指導教員と、投稿者と査読者との意見の相違の話ですが、そういった問題も、何が一番問題かと言うと、私は基本的には、査読者がどれだけきちんと査読をしようとしているのか、という一つの姿勢の問題だと思っています。さっき三浦さんが、ＯＫ出したらすごく楽だよねって言っていましたが、多分、その通りなんです。一定の論文の形を取っていればいいじゃないかと、すぐにA評価、いい評価を出す先生もいるんですね。ぎゃくに、とても厳しい評価、すぐにD評価を出す先生もいるんですね。そうすると、審査割れが起きます。AとDが出たりするんですよね。これって一番困るんです。Dの評価はある意味で、土俵に立たずに、かつ厳しすぎる。Aの評価はその人の問題関心を正確に理解しないままで、一応論文の形になっているんだからいいじゃないっていう感じで、簡単に通してしまっている。

そういった、いい加減なAと厳しすぎるDみたいなのが多かったんですね。これは二人査読体制、三人査読体制だったら、回避できない問題なんです。それを私はなんとか回避したかった。この『新社会学研究』のプランが出てきた時には、とても個性的な論文も、たとえば掲載可能にしていきたいと思いました。

私が前にいた筑波大学に有名な先生がいて、院生のゼミはとても厳しかったんですね。投稿論文をもとに報告させて、これはまだ投稿掲載されないってビシッと言う。その先生のOKが出て投稿したら、たいてい『社会学評論』にすぐ載っちゃう。さすがだなと。その先生と話したことがあって、いやぁ好井くん、私は自分のゼミの院生に『社会学評論』に投稿して掲載するだけの力を持たせるような、そういった鍛え方をしているって言っていました。ただ一方でその先生は、査読者が一人で査読して、その一人がとってもいいなと思ったら、掲載する雑誌があってもいいよね、と言われたんですよ。で、私は後者の実現をしたかった。

栗田　好井さん、筑波大での エピソードも踏まえての我々の雑誌の査読システムの構築のお話。ほんとそれ、裏話ですよね。ありがとうございます。

フロアに、岡山大学の齋藤圭介先生、おられますよね。長い間、好井さんと同じように『社会学評論』の編集のサポートをしておられました齋藤先生、発言お願いできればと思います。

「育てる査読誌」の難しさ

齋藤　はい、岡山大学の齋藤です。大変貴重なお話を聞かせていただける機会を作っていただいてありがとうございます。

今日のお話で感銘を受けたのが、若手の研究者へのエンパワメントをすごくしているなっていうことです。このことは、三名のゲスト報告者の先生方のお話から伺えて、そういう雑誌ってすごく大事だよなと感じました。それで一つ、同人の先生方にお伺いしたかったのが、「育てる査読誌を作る」って査読者に負担もあるというか、査読者に熱意がないとなかなかできないことだと思うんですね。その査読、特に私なんか、大学の教員になってまだ五年目の若手で、同時に自分も査読論文を書かなきゃいけないし、雑誌から査読の審査も依頼されるしという立場になってきますと、余裕がないというか、育てるというよりかは、少し厳しい査読をしがちになってしまうんですが、査読者の側から見た、「育てる査読の難しさ」、またそこに面白さというか、醍醐味もあると思うんですけれども、「そういった雑誌を継続的に作っていくことの工夫」みたいなものがあれば、ぜひ伺えればと思いました。

栗田　齋藤先生ありがとうございました。うんまあ、本音を言うとですね、楽ではないですね。しかし、これは我々に与えられたミッションであると同時に、楽しみでもありますからね。同人の皆さんから、ご意見ありますでしょうか。『新社会学研究』の仕事は大変ではないのかというふうなことですが。

好井　私は自分が担当する論文を見た時に一番気になるのは問題関心なんです。その人がどういう問題関心を持っていて、この論文を書こうとしているのか、その問題関心の面白さみたいなところね、そういったものにある意味で、私が気づいてしまうとワクワクして、非常に楽しく査読はできます。

ぎゃくに、その問題関心が非常に不鮮明なままで、いろんな先行研究を出したりとか、いろんな調査研究した知見を言ったりとかしていると、それは私にとってモヤモヤしたものになると。そういった場合は査読に対するエネルギーはなかなか出てきにくくなりますよね。で、私にとってみれば、やっぱりその人は一体何に関心があって、何をしたいんだろう、何を書きたいんだろうというところを、わかるような手がかりがあると、それだけでワクワクして査読しちゃいますね。

査読は大学院教育の一部役割を代替しうるか

樫田　一つ前の話題でもいいですか。好井さんが言ってくれた話は、筑波大の微妙なポジション的にはあり得る話だと思うんですが、我々が『社会学評論』の編集委員会委員だった時に、委員会内の議論で似ているけどちょっと違った話がありましたよね。つまり博論を提出するのに、投稿論文が査読誌に三本載っていなきゃいけない、あるいは、二本載っていなきゃいけないって要件があって、そういう状態の院生を指導する時に、「あなたの論文はまだ『社会学評論』に投稿する水準に達していないから出しちゃいけない」って先生が言ったら、もうそれだけでハラスメントで訴えられかねないので、「出してみてダメだったら相談に乗るよ」っていう態度を取るしかない、というようなことが話されていた。査読誌側はそういう大学院側の状況も理解した上で、投稿受付をしなければならないという文脈での話でした。この話の背景にあるのは結局、研究者養成機関としての大学院の、その水準確保機能が落ちてきていて、その分の負荷が雑誌に回ってきているっていうことでしょう。しばしば査読の先生は、こういう先行研究は当然、あなたの指導教官は知っているはずだから、ちゃんと指導を受けてから投稿してくださいって、査読に書いてくるわけですよ。それをそのまま投稿者に返していいのか、どうなのかってことが編集委員会で話し合われましたが、もうそれは決着がついていることなんです。ここまでは指導教員の仕事という区分線をもう引くことはできなくなっている。今は大学院の機能として水準確保を要求できなくなっている情勢なのです。したがって雑誌の方にかかってくる負荷をどうやってやりすごしていくかが課題なのです。若手をエンパワメントしつつ、どう水準確保していくかっていう、手取り足取りの側面もあって自立性を育てる面では微妙な点もあるんだけれども、それは時代の要請だっていう理解があって、この雑誌が始まっていると思うんですけど、そんなことはないでしょうか。

厳しい大学院教育と査読が失わせるもの

好井　いやいや、まさに言われてる通りですよ。私が言った事例の先生は、『社会学評論』に投稿するためには私が了承しないと投稿できないとか、そういうふうなことを言っているわけじゃないんですよ。そうじゃなくて、研究者として論文を書いていく能力を鍛え上げていく点で、まず研究者として一人前になっていくために、『社会学評論』に投稿して掲載されなければならないと、その先生は言っているわけです。

それに対して、一方ではそういったトレーニングをすることによって、失われていくものがあるということ。たとえば、それは査読という形で言うならば、二人査読体制で両方ともがいい評価を付けたら掲載するという条件をクリアする論文だけがいい論文じゃなくて、一人が査読してこれはとても面白いと評価したら、評論でも掲載してもいいよね、みたいな話をその先生は当時されたんですよ。だから、私はとても印象に残っていて、実はそういった形の査読論文掲載の雑誌があってもいいなと思っていたんですね。それを、この『新社会学研究』では、ある意味で実現し、実行し、実践しているというつもりだっていう話をしたんです。

だから、樫田さんが言っている問題というのは、私は全くその通りだと思うし、そのような状況に展開してきていると思います。

非ネイティブ投稿者への支援

伊藤 もう一点だけ、査読者の先生方にご質問よろしいでしょうか。陳先生が提起してくださった二つ目の問題についてです。非ネイティブの投稿者の方は、日本語を母語としている方々と違って、締切までにネイティブチェックを受ける期間も必要になってくるということでしたが、査読者側から見て、非ネイティブの方に対する査読の場での援助というか、そういったものってこれまであったんでしょうか。

栗田 はい、ありがとうございます。どうなんでしょうかね。三浦さん小川さん、非ネイティブスピーカーの大学院生の方が多い職場だと思いますけど、どうですか。

三浦 僕も、ネイティブチェックを受けないレポートや修論などが出てくるので、ネイティブチェックを私がやっています。最近、ネイティブチェックのための制度が、うちの大学でもここ数年で助成金みたいな形でできていますが、英文投稿のためのネイティブチェックしか認められていないのが現状です。それに、二週間の差っていうのも大きいですよね。日本人と争っていい論文を書くのに、二週間前に完璧に仕上げなきゃいけないっていうことの大変さっていうのは、確かに公平ではないですよね。

インターナショナル化していない日本の雑誌

栗田 うんそこね。日本語媒体ってまだまだ全くインターナショナルになってない。我々が英文誌に書いたら、めちゃくちゃな英語なわけですよ。それでもそこを勘案し、受け入れてくれるんですよ。それがね、そういう日本語媒体って全く今ないね。だから、少なくとも『新社会学研究』においては、そこはリベラルに対応したいと僕は個人的には思っています。瑣末な日本語エラーで落としたりとか、膨大なコメントを出したりするのは良くない。どうですかね、他の同人の皆さん。

投稿者・査読者・編集委員会の闘争的相互行為

樫田　陳さんの一本目の質問についても同じだと思うんですが、標準的解はないってことだと思うんですよ。ケースバイケースで考えていくしかないと。今、栗田さんが言ってくれたように、『新社会学研究』は日本語ネイティブでない方にも優しいって宣言するのは自由なんですけども、陳さんの悩みの前半の方、つまり、査読者に対して、言われたことを一〇〇パーセント認めますって、応えなきゃいけないかどうかっていうのが陳さんの前半の悩みだったと思うんですが、制度的にはそんなことはないわけです。今、多くの社会学雑誌は査読に対する反論権を認めていて、査読者の意見が不当だったら反論してもいいですよ、編集委員会がチェックしていて、不当なことを押し付けないようにフォローしますよって言っているわけです。そうはなっていますが、ア太郎が書いているように[8]、そんな形式的な解が通用する条件はないわけです。査読者不足という大問題がありますから。立場の弱さからいって、査読者が怒るような主張は、編集委員会としてはほとんどすることができないわけです。結局、四分の一しかどうせ載らないんだから、ここは去っていってね、同じネタで他の雑誌に書いたらいいよって心の中で思ってですね、査読者と投稿者

(8) 査読ア太郎、二〇一八、「論文投稿と査読のホントのところ③――学会をブランディングするための装置としての論文査読システム」『新社会学研究』(三)：九一――一〇〇頁。本書〈講義編〉第3章も参照。

との衝突には積極的には介入しないっていうのが、ほとんどの編集委員会の態度だろうと思われます。

それで、好井さんの話も大変重要です。査読割れ問題がどのように解決していくかというと、一番激しい場合は、自分は指導教官にこれはAランク論文だって言われて投稿したからDを付ける査読者の方がまちがっている、っていうようなお手紙が抗議文としてやってくる、というようなこともあるにはあるわけです。でも、このようなクレームについては、編集委員会は匿名査読ということで押し返せるわけです。それに対して、編集委員会と査読者間は両方がお互いに顔が見える関係なので、こちらはなかなか押し返すことができない。

この点は、社会学をやっていらっしゃる投稿者の方々なら想定ができる話だと思いますので確認したいのですが、投稿と査読のプロセスの中で起きていることは、ルール通りじゃない、制度通りじゃない、でも、社会学的に合理的に、ある程度予想ができるような形でケースバイケースなんだ、多様なんだっていう理解をしていただくのがよいのではないでしょうか。同様に二つ目のネイティブチェック問題も、ケースバイケースであって、内容との見合いで、内容が良ければ、日本語の少々の問題は関係ないよっていうのが一つの見通しというか、オチになるんじゃないかなと思います。

査読者不足問題

好井　樫田さんのお話を受けて思い出したんですけれども、「査読者不足」という話がありましたよね。『社会学評論』においても、多分、他の学会においても、連字符社会学会においても同じだと思うんですけれども、査読者というのは、今、基本的にボランティアなんですよ。もちろん『新社会学研究』も同人誌ですから、ボランティアなんですけど。つまり、ボランティアの査読者に対して編集委員会の側が割と厳格に、こういうふうにしてほしいというようなことを言いづらいという環境がある。それをやることによって査読を受けてくれなくなっちゃうわけですね。査読委員をお願いした時に、基本的に時間のかかる作業であることは確かですが、それでもみんなボランティアで受けてくれるわけです。だから、その辺の問題が何らかの形でクリアできれば、『社会学評論』とかの査読の形も変わるのかなという気がするんですけど、これは編集委員会のメンバーをやっていてずっと、ある意味で大きな問題として続いているということは事実ですよね。

樫田　有料でやるという手もあると思います。でも、学会全体のコンセプトとも関わる問題なので、やっぱり全部トータルに考えるべきだと思うんですよ。つまり、『社会学評論』で言えば、無料のボランティア査読を続けてしまえば、「自分の後輩を応援するために査読をする」っていうノリになっちゃうわけですよ。日本社会学会の三二分野の中の一つ、自分が査読する論文は自分と同じ理論社会学だとか、自分が査読する分野は家族社会学だから、その自分と同じ分野の、自分の後輩を盛り立てることになるから、無償で当然なんだ、だからボランティアでいいんだ、みたいなやり方になってしまっているけれど、これは『社会学評論』みたいな、社会学界全体を盛り立てなきゃいけない雑誌にとっては良くないことです。こんなやり方を続けていけば連字符社会学的縦割化が進んでしまうに決まっているんだからダメです。好井さんが言う通り、見直すべきだと思いますよ。ボランティア精神は学会を支える基盤の精神なので、その全体が良くないとまでは言えませんが、ボランティアだから仲間の利益を守るという感じになってしまうととても良くないので、見直すなり考え直すなりした方が良いだろうと思っております。

我々は何を論じてきたか

栗田　今日は、論文投稿の査読意見にはどの程度従うべきかという問題から始まり、ついで、日本語の非ネイティブ話者が投稿をする際に被っている不利益をどのように考えるのかという問題、それから、投稿者の思ってもいない内容を査読者が助言することの有意味さと危険性の問題、使い残しのデータをどうするのかという問題、審査割れや板挟み問題等々の話から、さらにそれらの問題が、日本の学会活動がボランティアに支えられているという状況や、大学院教育の中ではフルサポートが難しくなっている中で雑誌が若手育成に関わる必要性が増大していることなどの議論へと展開していきました。

このように約二時間、議論を積み重ねてみると、現在、テニュアトラックに乗ろうとしているかいないかという大学院生や若手の研究者の方々が直面している諸課題というのは、実は投稿の問題や査読の問題、あるいは、学会や学会機関誌の問題として現れてくるんだなっていうことが、私にもわかってきました。

樫田 この座談会は、一方では、冒頭から申し上げている通りに、『新社会学研究』のやり方の是非を問うという側面があったと思います。もう一方では、実際の投稿者や査読者がどんなことに困っていて、どんなことを考えて、どんな解決をしようとしているのか、そういう実際の状況を知って考える、という側面があったと思います。そのどちらにおいても、大変重要なご指摘もいただき、かつ、大変中身のある検討もできたと思っています。やってきた議論の中で確認できたことは、設計された制度通りのことが起きているわけではないこと、けれども、だからといって、非合理なことばかり起きているわけではないこと、この両面だと思います。さらに、日本の学術世界が置かれている状況は、イノベーションを強いられているという状況ですから、そういう視点もですね、投稿と査読を考える際には必要な視点だ、ということが言えると思います。

栗田 樫田さんありがとうございました。短い時間の中で的確にまとめてくださいました。
それでは、午後二時からの長時間、皆さん誠にありがとうございました。最後に皆さん、この場に集まった縁でございますので、日本トラディショナルなやり方ですが、一回の拍手で締めたく思います。どなたさまもマイクをオンにして、可能な方は、カメラもオンにしてよろしくお願いします。

今回の「論文投稿と査読のホントのところ」座談会は、覆面ライターである査読ア太郎の連載をもとにこれまで進めてきましたが、日本の社会学に貢献するものになったと思います。それでは、よおーハイ！　ありがとうございました。

これをもって、本日の座談会、終了とさせていただきます。本当に心から感謝しています。本当に皆様、ありがとうございました。

あとがき

1●本書の意義は「学」を志向していることである

本書『社会学者のための 論文投稿と査読のアクションリサーチ』が何を目指していて、これまでの同種の本とどのように違った方針を持っているのか、という点に関しての公式の主張は、「まえがき」で詳しく述べた。「あとがき」では、繰り返しを避けて、ホンネトーク風に短くまとめ直して、述べることとしよう。

つまり、「これまでのハウツー本は、学問に繋がらないからダメだ。時代遅れかも知れないし、一部の部分社会にしか通用しない議論かも知れないのに、そうであるかどうかの検証ができない態様になっている。さらに、そのハウツーに従うことが、当事者と社会に対してどのような意味を持つのかが見えてこない。つまり、どのような社会を温存したり、その改変を促したりすることに繋がるのか、行為の意味が展望できる形になっていない。望ましい社会構想の一部として、制度の作動の話が述べられなければ、制度の作動を適切に評価できないのである。したがって、そのような枠組の下では、どれだけ証拠を集めても、議論の継続性や蓄積性を担保できない。対策としては、本書のように、論文投稿・査読を『学』としてやり抜くことしかない」という言い方になる。

しかし、「学」を志向するとはどういうことなのだろうか。もうすこし、具体的に見ていこう。

2●本書の主張――「投稿と査読の実践学」を「知的生産支援論」として展開しよう

牧田東一編著『プログラム・オフィサー――助成金配分と社会的価値の創出』（学陽書房、二〇〇七）という名著がある。この本がどのように「名著」なのか、というと、この本はプログラム・オフィサーの実践を生でかたらずに、評価しながら語っているからである。そういう吟味と評価の視角の下で「プログラム・オフィサー」を扱っている。

プログラム・オフィサーとは、研究助成事業における、研究費の分配と継続にかかわる専門職のことなのだが、ここまで本書を読んできてくれた読者ならすぐに気づくように、このプログラム・オフィサーの仕事内容は、「研究費の分配と継続」の部分を「投稿論文の採否の決定と投稿者の育成」に読み替えるならば、ほぼ「学術雑誌の投稿論文の査読者及び編集委員会」の仕事内容と同種のものなのである。

ということは、投稿-査読プロセスを、すでに研究が進んでいるプログラム・オフィサーの意義や養成法などの研究とならべて、そういう複数の専門職に関する議論と統合して、知的生産支援論の枠組で考えることができる、ということである。おそらくはこれが、本書が投稿-査読プロセスを「学」として扱うといった時の具体的な姿である、ということになろう。

そして、これも本書をここまで読んで来て下さった方には納得してもらえることと思われるが、複雑化し、変化の激しい現代社会における知的生産支援論の課題は、学問の自主性・自律性を守りつつも、市民社会との対話を促進する仕組みをどうつくっていくか、ということであるといってもよいだろう。なぜなら、複雑化して、変化の激しい社会では、「専門職」は「オールマイティー」でいられないからである。どんな専門職も限られた視角と知識の下で、自分の専門家としての判断をしなければならず、したがって、最終的には、市民や他の専門家と責任を分かち持たなければならない。この環境から逃れられる専門職は、現代には存在しないのである。

とすれば、この点においては、査読者も編集委員会委員も、プログラム・オフィサーも、みんな同様の困難を背負っている、と言えるだろう（読者の好みで、この研究支援財団のプログラム・オフィサーを美術館の「キュレーター」と置き直してもらっても、大学の「ユニバーシティ・リサーチ・アドミニストレーター」と置き直してもらっても構わない。そのすべてにおいて、同じことが言えるはずだ）。

さらにいえば、現代資本主義社会では、ありとあらゆる「差異」を価値あるものとすることが可能なので、「何が知的生産なのか」という判断において、「有用性」や「普遍性」という軸は立てがたくなっている。かわりに「新規性」や「状況性」が重視されていることを受け入れざるを得なくなっている。つまり、長持ちする「知」よりも、これまでと違った「知」であること、が重視されるようになっていることが重要である。べつようの言い方をすれば、「場面化された知」の重要性が増しているのである。どこででも通用する普遍性をもった「知」よりも、特有の時間や場所や状況で適用できる「知」であることが重要になってきている。そのような現代において知的生産を支援するということは、そういう「バイアス」や「ゆがみ」とどのように付き合っていくのか、という課題を背負っていくということになる。この論点においても、プログラム・オフィサーと査読者や編集委員会委員は、問題を共有しているといえよう。これらの論点は、「学」として、投稿や査読を考えて初めて見えてくるものである。なぜなら、個別の領域（たとえば、○○社会学とか、△△心理学とか）では、その領域のなかではむしろ普遍的な価値が目指されてしまうからである。二〇世紀になって、学問が政府からの支援を受ける正当性をどのように持ち得るのか、という課題に、研究支援組織は直面したが、その課題は、いまや、雑誌編集委員会の課題であり、査読者の課題でもあるのである（第2パート〈実践編〉の扉文においてはこの課題を投稿者にも及ぶものとして記述した）。

投稿・査読プロセスについて考えるとき、ついつい「投稿者」「査読者」「編集委員会」の狭い範囲のみを関係者として意識してしまいやすい。しかし、投稿・査読プロセスを「学」として考えようとするのならば、それらの狭い当事者世界の背後に重要なステークホルダーとして「市民社会」と「現代資本主義を駆動する諸アクター」が存在していることは無視できないのである。むしろ現代資本主義と市民社会を視野に入れながら知的生産に関する議論を進めることで、進むべき道が見えてくる、とも言えるだろう。究極には、（望ましい）社会選択の問題と連動させていくしかないからである。地震予知研究に巨額の経費をかけるのか、減災の街作りの研究にシフトするのか、あるいは、それ以外の研究領域を掘り起こして支援するのか。政府の方針で研究費を割り振るのか、アカデミーの自主・自律に任せるようにするのか。さらには、そのような科学技術政策に対し、どれほど市民的統制を効かせるのか。それらの大状況的意思決定に関する問題配置とほぼ変わらない問題配置が、個別の投稿論文にかかわる査読をどうするか、ということを巡って存在しているはずなのである。

本書は、「論文投稿と査読」を「ノウハウ集」とは違う形で取り扱ってきた。それはつまり投稿・査読プロセスを知的生産支援論の枠組の中において、「学」として扱っていくということであり、このような思考の積み重ねの先には、上述のような困難な諸問題への直面という課題はあるものの、市民社会からの負託に応えて学問をしていく、という道がひらけてくることだろう。「ノウハウ集」を越えた議論をしていくならば、我々学術論文を書くものは、「注目されてなんぼ」という形で、現代資本主義社会という基礎的条件を引き受けながらも、社会の発展に対して、「知」の側面で貢献する存在になっていけるだろう。つまりは、本書は、そういう、市民社会との連帯を志向した、新時代的な、投稿・査読の望ましいシステムを構想する基盤となるべく、書かれたものなのである。「まえがき」だけでは、「ノウハウ集」との差異があまり明確にならないだろうと思われたので、この「あとがき」において、本書の意図するところを少しく詳しく書き記したが、そのような本になっているかどうかは、読者諸賢の判断にお任せするしかない。お気づきの点があれば、新曜社編集部または編著者の個人連絡先になんなりと意見をお寄せいただきたい。

二〇二三年九月

樫田美雄・栗田宣義

執筆者紹介（＊は編著者）

＊樫田美雄（かしだ　よしお）

摂南大学現代社会学部教授。筑波大学大学院博士課程社会科学研究科社会学専攻中退。博士（社会科学、奈良女子大学）。

日本保健医療社会学会長（2017 ～ 2019 年）。『社会学評論』『ソシオロジ』『新社会学研究』『現代社会理論研究』及び『現代社会学理論研究』『年報社会学論集』『保健医療社会学論集』『質的心理学研究』『質的心理学フォーラム』『現象と秩序』の合計 10 誌の編集委員を歴任。『フォーラム現代社会学』『スポーツ社会学研究』『臨床心理学研究』ほか合計十数誌の査読経験あり。

専門分野は、エスノメソドロジー、福祉と医療の社会学、高等教育論。

著書に、『研究道』（共編、東信堂、2013）、『診療場面のコミュニケーション』（共訳、勁草書房、2015）、『ビデオ・エスノグラフィーの可能性』（晃洋書房、2021）、『〈当事者宣言〉の社会学』（共編著、東信堂、2021）、『法実践の解剖学』（共著、晃洋書房、2023）など。

＊栗田宣義（くりた　のぶよし）

甲南大学文学部教授。教養学士（国際基督教大学）、文学修士（上智大学）、博士（社会学、上智大学）。

専門分野は、社会理論、計量社会学、文化社会学、社会運動と政治的暴力。

著書に、『メイクとファッション』（晃洋書房、2021）、『マンガでわかる社会学』（オーム社、2012）、『社会学』（ナツメ社、2006）、『トーキング・ソシオロジー』（日本評論社、1999）、『社会運動の計量社会学的分析』（日本評論社、1993）他多数。

陳　怡禎（ちん　いてい）

日本大学国際関係学部助教。博士（学際情報学）。

専門分野は、ファン研究、カルチュラル・スタディーズ。

著書に、『台湾ジャニーズファン研究』（青弓社、2014）、『ポピュラーカルチャーからはじめるフィールドワーク』（分担執筆、明石書店、2022）、『アイドル・スタディーズ』（分担執筆、明石書店、2022）など。

吉村さやか（よしむら　さやか）

日本大学文理学部社会学科助手。早稲田大学文化構想学部、東京女子大学ほか非常勤講師。

日本学術振興会特別研究員（DC2、PD）を経て現職。博士（社会学）。

専門分野は、フェミニズム、ジェンダー研究、障害社会学。

主要業績に、『髪をもたない女性たちの生活世界』（生活書院、2023）、「『エンパワーメントの語り』を継承する」（『語りの地平』6 号、2021）、「『見た目問題』と生きる」（『社会福祉研究』147 号、2023）など。

社会学者のための
論文投稿と査読のアクションリサーチ

初版第1刷発行　2024年5月15日

編著者　樫田美雄・栗田宣義

発行者　塩浦　暲

発行所　株式会社　新曜社
101-0051　東京都千代田区神田神保町3-9
電話 (03)3264-4973(代)・FAX (03)3239-2958
e-mail：info@shin-yo-sha.co.jp
URL：https://www.shin-yo-sha.co.jp/

印　刷　新日本印刷
製　本　積信堂

© Yoshio Kashida, Nobuyoshi Kurita, 2024 Printed in Japan
ISBN978-4-7885-1846-9 C3036